Mágico: Cómo la Magia y sus Artistas Estrella Transformaron la Economía del Entretenimiento

escrito por

Bharat Rao

Traducido al español por Carolyn Farías

¡Gracias por comprar este libro!

Como una muestra de mi agradecimiento, me complace proporcionarte una DESCARGA GRATUITA llamada:

10 MEJORES ESPECTÁCULOS DE MAGIA EN VIVO para ver en los EEUU 2019-2010

Visita la URL de más abajo para descargar tu copia gratuita.

https://magicalthebook.com/magicshows

Una Nota del Autor:

Si disfrutas de este libro, por favor deja tu reseña honesta en Amazon, y considera comprar las versiones de bolsillo y audiolibro.

Como autor, me gustaría saber tu opinión, y tu reseña me proporciona información y aliento valiosos. Tus reseñas y recomendaciones además ayudan a otros como tú a descubrir este libro y los títulos relacionados. Puedes registrarte para recibir noticias y actualizaciones a través del enlace del blog del libro que proporciono más abajo. ¡A leer!

Enlaces:

Sitio web del Book: https://magicalthebook.com/

Blog del Libro: https://magicalthebook.com/book-blog/

Página de Amazon del Autor: http://amazon.com/author/bharatrao

El momento en que dudas si puedes volar, pierdes por siempre la capacidad de hacerlo.

—J.M. Barrie, Peter Pan

Tabla de Contenidos

Reconocimientos

Algunas personas fueron extremadamente generosas con su tiempo y recursos mientras se escribía este libro. Por sus conocimientos de los roles de los magos y artistas del escenario, quisiera agradecerles a Ryan Hayashi y Joshua Jay. Quizás conozcas a Ryan de su presentación del Ultimate Coin Matrix en *Penn and Teller: Fool Us*. A pesar de ser un canadiense ubicado en Alemania, ciertamente me engañó a mí con su dominio de los matices culturales de la industria americana de la magia, así como su fluidez en una docena de idiomas. Joshua fue extremadamente amable con su tiempo y tenía respuestas bien formuladas a mis preguntas, así como opiniones honestas y aliento. Otros magos con los que hablé estaban dispuestos a discutir sus deseos y expectativas, así como sus temores y preocupaciones en esta nueva era de magia – ustedes saben quiénes son. Por sus conocimientos de la industria del entretenimiento de Las Vegas, agradezco al Profesor David Schwartz, Director del laboratorio de Juegos en la Universidad de Nevada, Las Vegas. Por su ayuda durante la investigación y escritura de este manuscrito, quisiera agradecerle a Navil Zaman. Laura Vanderkam me proporcionó conocimientos valiosos del proceso de publicación, por lo cual estoy agradecido. Quisiera aclarar que no podría haber escrito este libro sin los vastos recursos bibliográficos de la Biblioteca Bobst en la Universidad de Nueva York, y el flujo sinfín de imágenes de archivo disponible en YouTube.

Nueva York, NY

6 de enero, 2019

Para Mira, Kieran y Ruth

Prefacio

Penn y Teller han estado actuando por más de cuatro décadas y han llegado a la cima del éxito a través de sus actuaciones en vivo, apariciones en la televisión, y lo más reciente, su popular programa de televisión, Fool Us (Engáñanos). Si bien estaba familiarizado con sus actuaciones desde mis días en la universidad en los años noventa, y veía esporádicamente su serie de TV, Penn and Teller BS, no los seguía mucho hasta hace poco tiempo. Fue solo gracias a mis hijos que descubrí su última encarnación. Mirar un par de trucos en un episodio de Fool Us antes de irse a dormir era un ritual favorito de mis hijos y, como resultado, junto a ellos, yo tuve el placer de ser entretenido por el flujo constante de invocadores que intentan engañar a sus presentadores geniales y en ocasiones inescrutables. Como un fan de las actuaciones de magia desde una edad temprana, hace tiempo que he estado curioso acerca de su historia, su increíble rango de personajes extravagantes y sus habilidades, y su capacidad de crear asombro entre los fans de todas las edades. Siendo un académico, mi campo de investigación trata principalmente las tecnologías emergentes y su impacto en la sociedad. Tenemos acceso a tecnologías y herramientas actualmente que de hecho parecen mágicas. Puedes invocar la cena o un viaje, o un regalo para tu amigo con solo deslizar un dedo, verificar las calificaciones de tu dentista, o agendar unas vacaciones de improviso todo sin perder el ritmo. Muchos de los artefactos e interfaces que usamos no solo no serían reconocibles para nuestros antepasados de hace un par de décadas, sino que sorprenderían y de hecho los asombraría con sus poderes 'mágicos'. Sin embargo, en medio de tales maravillas de la tecnología, esperamos la actuación mágica por su cuenta, y constantemente deseamos la sensación de asombro y maravilla que puede crear. En este libro, exploro el impacto de la magia y el pensamiento mágico, y examino el impacto de la industria de la magia al empujar los límites de lo que es posible, en algunos casos con tecnología y artefactos sofisticados, pero principalmente empleando métodos simples para manipular nuestra atención, percepción, y uso de recursos cognitivos. Además discuto cómo las técnicas y habilidades de los más grandes magos se pueden traducir al mundo de la innovación empresarial, a medida que las empresas buscan encontrar soluciones únicas para los problemas de los clientes, en la intersección del diseño, la tecnología, y el servicio.

En la actualidad, la magia se está volviendo una parte importante en la economía del entretenimiento, como se puede observar en el aumento del porcentaje de ingresos, interés generalizado en los medios populares y los prospectos profesionales mejorados para los artistas dedicados y talentosos. David Copperfield, Penn y Teller, David Blaine y otros están entre las superestrellas de esta industria, y son emprendedores experimentados liderando negocios internacionales del entretenimiento. A través de su éxito, se han vuelto modelos a seguir para muchos de sus pares, incluso mientras siguen siendo fuertemente competitivos. Quise investigar los secretos de su éxito, así como dibujar el camino que han pavimentado para otros magos y artistas que esperan entrar a esta industria lucrativa. Habiendo pasado tiempo en el pasado como un escritor de casos en la Escuela de Negocios de Harvard, y como un investigador académico en NYU, inmediatamente comencé a dibujar todos los ángulos interesantes que uno podría mirar, y pronto encontré que hay muchas capas en esta historia, y que es una que vale la pena contar. Este libro documenta el cambio transformacional en el ámbito de la magia profesional en las décadas recientes, su conexión más amplia con el entretenimiento y los medios populares, y las percepciones y expectativas variantes de los interpretadores de magia en las mentes del público. La idea detrás de este libro fue utilizar el fenómeno de Penn y Teller, y particularmente su programa de TV, Fool Us, como un lente por el cual podríamos examinar la amplia industria de la magia, y su impacto en la imaginación popular. Los "secretos para el éxito" seguidos por magos destacados como David Copperfield, Penn y Teller, y David Blaine, entre otros, tanto como magos profesionales, marcas reconocidas y empresarios formidables, pueden ser aplicados por emprendedores, negociantes y trabajadores independientes que quieran hacer una marca en sus carreras. Además exploro el encanto de la magia en nuestros tiempos modernos, tanto como una forma de entretenimiento y recreación, así como por su capacidad de inspirarnos a ser creativos y pensar con originalidad.

Principalmente, escribí este libro para satisfacer mi propia curiosidad, y para descubrir más acerca de un tema que siempre me ha interesado, tanto como un aficionado amateur de magia, y como un fan de las interpretaciones refinadas de magia. Además quería hacer las conexiones más explícitas entre la práctica de la magia como un arte interpretativo, con las habilidades necesarias para dirigir una startup exitosa, o un proyecto de desarrollo de un producto nuevo. Muchas de las interpretaciones descritas en este libro pueden ser vistas en YouTube, que además contiene amplios recursos para el aspirante a mago. Para llevar a cabo una investigación más profunda para este libro, pude acceder a archivos voluminosos de la amplia literatura acerca de magia, entrevistar magos con abordajes muy distintos en sus interpretaciones, y acceder a cuentas del negocio de la magia de los medios del oficio y empresariales. Si bien estos aún pueden no presentar el panorama completo, podemos comenzar a descubrir lo que hay bajo el capó, o quizás de manera más acorde, 'detrás del telón' de esta industria diversa y dinámica. En el proceso, he descubierto que el campo de la magia, que ya tiene una historia rica y compleja que se remonta cientos de años en el pasado, actualmente está disfrutando de un tipo de renacimiento con la ayuda de artistas estrella, plataformas de TV y foros para que demuestren su arte, el auge de los medios sociales, y el acceso fácil a contenidos y conocimientos, posible gracias a la Era de la Información. La magia siempre ha estado mezclada con porciones generosas de los lados oscuros y sobrenaturales, a pesar del empuje general para que la magia esté en la dimensión secular. Encontramos que la magia además es tierra fértil para una gran cantidad de personalidades ambiciosas y excéntricas, muchas de las cuales dedican sus vidas enteras al avance de áreas oscuras de emprendimiento mágico que la mayoría de nosotros ni nos hubiésemos dado cuenta que existían, y que no sabríamos qué hacer con ellas, en caso de sí conocerlas. Lo que las une, sin embargo, es su búsqueda sinfín para descubrir, mejorar, e inventar nuevas formas de causar alegría, mistificación, asombro y entretenimiento para su audiencia. Realmente estamos viviendo en una era dorada de artes y actuaciones mágicas. Espero que disfrutes de leer este libro, tanto como yo he disfrutado de escribirlo.

Capítulo 1: El Renacimiento Mundial de la Magia

La realidad parece tan simple. Solo abrimos nuestros ojos y está allí. Pero eso no quiere decir que sea simple.
—Teller

Si quieres hablar de magia, las cosas que impactan son las cosas que se hacen de cerca.
—Penn Jillette

Introducción

Todo mago aspira a llevar a cabo un truco que sea memorable, y que realmente desconcierte y entretenga a su audiencia. Para poder hacer esto, necesitan dominar cuidadosamente los elementos críticos necesarios para un 'truco', estudiar los trabajos de magos previos que han realizado rutinas iguales o similares, e invertir horas de práctica paciente y perfeccionamiento. Esto requiere de una gama de habilidades, las más esenciales siendo creatividad, disciplina, persistencia y autoestima. Cuando han dominado la técnica subyacente, el siguiente desafío es armar una interpretación convincente que exhibe su habilidad ganada para crear un efecto convincente para la audiencia. Quizás la mejor descripción de la premisa y del proceso de armar un acto exitoso viene de Christopher Priest, quien escribió el libro The Prestige, que después se convirtió en una película taquillera, dirigida por Christopher Nolan. Como dice Priest:

"Cada gran truco de magia consiste de tres partes o actos. La primera parte se llama "La Promesa". El mago te muestra algo ordinario: un

mazo de cartas, un ave, o un hombre. Te muestra este objeto. Quizás te pide que lo inspecciones para ver si en verdad es real, inalterado, normal. Pero, por supuesto… probablemente no lo sea.

El segundo acto se llama "El Giro". El mago toma la cosa ordinaria y hace que haga algo extraordinario. Ahora estás buscando el secreto… pero no lo encontrarás, porque, por supuesto, no estás realmente buscando. En realidad no quieres saber. Quieres ser engañado. Pero no aplaudirás aún. Porque hacer que algo desaparezca no es suficiente; tienes que traerlo de regreso.

Es por eso que todo acto de magia tiene un tercer acto, la parte más difícil, la parte que llamamos "El Prestigio".

—Christopher Priest, The Prestige

Dos conceptos erróneos muy comunes acerca de la magia son que los magos buscan engañar o embaucar a la audiencia, y posiblemente promocionar lo sobrenatural. Aunque usamos el término 'engañar' de manera liberal cuando hablamos de magia, en realidad, en lo que están enfocados los magos es en crear la ilusión de lo imposible. A la mayoría de los magos actuales no les gusta afirmar que su trabajo lidia con lo sobrenatural, ya que solo terminará dañando su estética e identidad como creadores de lo imposible. Además quieren ser los primeros en desasociarse con las connotaciones más oscuras de la magia. Sin embargo, en muchos casos, estos artistas dependen de ilusiones visuales, ópticas y cognitivas, efectos visuales (como disparos, explosiones, etc.), y artefactos o artilugios secretos para ejecutar sus trucos. Las ilusiones visuales dependen de la percepción errónea por parte del cerebro de lo que se ve, las ilusiones ópticas dependen de trucos con luces sin engañar específicamente al cerebro, y las ilusiones cognitivas dependen de la manipulación de funciones cerebrales de niveles superiores (la mayoría de los trucos con monedas y cartas son ilusiones cognitivas). Al usar estas técnicas, nos dan la impresión de que están haciendo cosas imposibles, y quienes estamos en la audiencia somos lo suficientemente sofisticados como para saberlo mientras disfrutamos de los efectos. Sin embargo, este fenómeno solo es así con la magia moderna. La mayoría de los relatos históricos de magia no dibujan una distinción tan clara entre lo real y lo sobrenatural, y como veremos, la magia ha sido utilizada como un medio para perpetuar una variedad de afirmaciones dudosas, imposibles de verificar, en el correr de los siglos que lleva existiendo. La misma palabra 'magia' ha, por lo tanto, acarreado connotaciones negativas en el transcurso de la mayoría de la historia. En contraste, la magia moderna o secular que encontramos hoy debe ser vista como una actuación, pero una sofisticada. Como Teller, del dúo mágico, Pann y Teller, explica, "La magia es una forma de teatro que retrata eventos imposibles como si estuvieran realmente ocurriendo". La magia, a diferencia del entretenimiento tradicional, sugiere que un evento realmente está ocurriendo, mientras que el entretenimiento tradicional hace alusión a historias que podrían ocurrir. Por lo tanto, una audiencia debe creer que un acto es imposible, para que el mago contradiga su comprensión de la realidad. Para expandir sobre la afirmación de Teller, la magia no solo retrata lo imposible, aparenta presentarlo como simultáneamente real e irreal. Por lo tanto, crea una interrogante interesante para el espectador. Igual podemos llamar esto un truco, principalmente por un tema de conveniencia. La magia tira de los espectadores en dos direcciones opuestas: obliga a la audiencia a que intente explicar un evento, pero la actuación misma intenta prevenir que ellos encuentren una explicación. De acuerdo con el mago Whit Haydn, la magia atrapa a los espectadores en una interrogante lógica, y los espectadores siguen volviendo a la ilusión porque no pueden entenderla (y quieren darle sentido). En paralelo, los magos emplean un discurso o patrón cuidadosamente sincronizado, que esencialmente involucra la manipulación de la atención y las expectativas de la audiencia, lo cual los confunde aún más. Además, como nuestra capacidad para desarrollar una explicación depende de lo que sabemos, el habilidoso mago depende del bloqueo sistemático de las explicaciones basadas en su conocimiento de quiénes están en la audiencia, y una comprensión de cómo lo explicarían con lo que saben. Por lo tanto, los magos expertos son astutos en el sentido de que siempre sugieren una cantidad de explicaciones posibles para un truco, de las cuales ninguna parece completamente conclusiva. Como Eric Mead, un talentoso mago de proximidad que apareció dos veces en *Penn and Teller: Fool Us* lo explicó durante una de sus actuaciones, si hay suficiente ambigüedad en cerca del 10% del truco (o sea, 90% del truco se puede explicar claramente), es suficiente para que incluso un invocador par sea engañado con el truco. Crear esta duda siempre es mejor que presentar algo tan asombroso que la audiencia siente claramente como un artilugio ingenioso o un efecto trucado. Al enfocarse en el eslabón más débil de la cadena, incluso el mago más experimentado puede ser engañado. El ensayista y artista Jamy Ian Swiss ha destilado la esencia de los buenos trucos de magia en cinco ingredientes claves. Estos incluyen: participación de la audiencia, la creación de un enganche emocional, la visualidad del efecto, humor inherente en su entrega, y un concepto elevado. En su libro, *Shattering Illusions* (Rompiendo Ilusiones), describe en detalle cómo el dominio de cada uno de estos elementos puede jugar un rol vital en lograr una rutina memorable.

Toma en consideración cualquier actuación de un mago en un episodio típico de *Penn and Teller: Fool Us* que puedes ver en línea o en la TV, y si eres lo suficientemente afortunado, desde un cómodo asiento en el Hotel y Casino Rio de Las Vegas. Sigues y entiendes la promesa, el mago seguidamente demuestra el giro, que puedes o no entender por completo, pero tú y el resto de la audiencia saben que se viene el giro final. El prestigio es decisivo para el truco, pero este es el clímax que todos han estado esperando. Esperamos y quizás deseamos que el mago engañe a Penn y Teller, pero por el otro lado también esperas descubrir el secreto del truco antes de que ellos lo hagan. Mucho de eso tiene que ver con la psicología de la actuación mágica misma. La mente humana generalmente cree lo que los ojos ven, pero si lo que ves es increíble, tu cerebro inmediatamente se pone en marcha para intentar descifrar cómo se hizo. Siendo magos experimentados, Penn y Teller literalmente han visto miles de trucos durante sus carreras, y realizado una amplia mayoría de ellos, a la vez. Como practicantes ardientes, están bien conscientes de los trucos que usan los magos para engañar los ojos y la mente. A pesar de todo eso, el formato del programa alienta a los magos a que vengan con lo mejor de sí, sabiendo bien que puede que no sean capaces de engañar a sus presentadores. Además, los obliga a innovar con rutinas conocidas, o crear unas completamente nuevas. Es realmente una entretenida batalla de ingenios en el escenario y, como jueces, Penn y Teller no pueden costearse pestañear o seguramente quedarán cegados en los caminos ingeniosamente diseñados por el mago que está buscando engañarlos.

En este libro, examinaremos cómo la industria de la magia ha cambiado con el transcurso de los años, los pasos dados por sus principales artistas, y en paralelo, la percepción de los magos mismos dentro de la cultura popular. Después observaremos las contribuciones de los principales artistas en la historia de la magia, y cómo hay un progreso definitivo en la evolución del ámbito. Después de esto, consideraremos el caso específico de Penn y Teller, quienes actualmente representan las caras de la magia en la cultura popular. Allí exploraremos la evolución de la marca de Penn y Teller, y describiremos cómo han superado varios obstáculos para obtener fama y fortuna. En su última encarnación, aparecen en un programa bien adentrado en su quinta temporada, *Penn and Teller: Fool Us*. El programa ha cosechado elogios generalizados y los ha convertido no solo en íconos nacionales, sino marcas globales. En el correr de los últimos cuarenta años, Penn y Teller han establecido una reputación estelar como artistas y personalidades enormes, y comandan la devoción y lealtad de una legión de fanáticos. En la actualidad, sirven como los guardianes y curadores de un desfile continuo de magos viejos y nuevos mientras intentan dejar una marca en un escenario y plataforma global. A través de sus presentaciones y programas de TV, continúan sirviendo como promotores y educadores líderes en la magia, y han sido claves en el descubrimiento de talentos nuevos. Además exploramos lo que llamo el efecto Penn y Teller, o sea, el efecto que una presentación exitosa en *Fool Us* genera para una amplia gama de magos. Programas como Fool Us, y versiones de la franquicia de *Got Talent*, particularmente *America's Got Talent* y *Britain's Got Talent* han puesto a la magia de nuevo en el mapa del entretenimiento, al ofrecer una plataforma global para los artistas talentosos. En el 2019, está previsto que CBS debute un talento nuevo, The World's Best, que presentará a artistas de varios géneros, que serán juzgados por expertos en más de cincuenta categorías. Entonces miraremos los factores subyacentes que ayudan a los magos a aprender con el tiempo y a mejorar su desempeño, eventualmente dando lugar al éxito a largo plazo. Concluimos mirando cómo estos factores del éxito se pueden aplicar en cualquier ámbito empresarial, tanto en startups pequeñas, así como en empresas más grandes.

El Estado del Mercado de la Magia y la Presentación de $20.000

Las Vegas tiene una larga tradición de residencias de artistas principales, particularmente músicos, y ahora un grupo creciente de magos de perfil alto. Una de las estrellas musicales más tempranas que se catapultó hacia la fama usando este método fue Liberace, quien estaba haciendo cincuenta mil dólares por semana en 1955. Apodado "Mr. Showmanship" (Señor Hombre del Espectáculo), Liberace emocionaba a las audiencias con sus entradas y salidas impresionantemente preparadas, habilidades expertas tocando el piano, todo mientras desplegaba sus anillos de diamantes extra-grandes, y comentándole a la audiencia, "¡espero que les gusten, ustedes los compraron!" Pronto le siguió Elvis Presley, y en una racha inspirada, tocó 636 presentaciones consecutivas (en las que se agotaron las entradas) en el International y el Hilton. El primer esfuerzo conjunto para lograr gran éxito fue The Rat Pack, quienes dominaron la Habitación Copa del Sands. Aunque este fue un grupo informal que tocó durante un período breve de tiempo, los miembros del grupo se volvieron íconos culturales populares. Los entretenedores repletos de estrellas en este grupo incluyeron a Frank Sinatra, Dean Martin, Sammy Davis Jr., Joey Bishop y a Peter Lawford, cada uno de los cuales podía comandar audiencias récord por su propia cuenta. Lawford además era el cuñado del Presidente John F. Kennedy, y el Presidente mismo era un visitante frecuente. Sus eventos improvisados en Las Vegas atraían a grandes apostadores a los casinos con poca antelación, y tenían un impacto inmediato en múltiples flujos de ingresos de turistas, comenzando por el juego. The Rat Pack además protagonizaron varias películas de Hollywood, incluyendo Ocean's 11, Sergeants 3, y Robin and the 7 Hoods. Colectivamente con la Orquesta Count Basie tocando de fondo, tomaron a Las Vegas por asalto, y se considera hasta el día de hoy que fueron los conductores originales de la marca del entretenimiento de Las Vegas mismo. Adelantándonos a tiempos más contemporáneos, el artista más exitoso de Las Vegas, Wayne Newton, ha interpretado miles de veces en el correr de su carrera, mientras que Celine Dion, quien comenzó su residencia en el 2003, había tenido más de setecientas presentaciones para el 2007 y vendido $400 millones en entradas. Otros nombres reconocidos como Elton John (quien ingresa unos $500.000 por presentación) y Mariah Carey ($330.000 por presentación) componen el elenco en aumento de talento musical que llama a Las Vegas su hogar. Siegfried y Roy llegaron al escenario de Las Vegas en 1967, debutando en el Stardust en "Lido De Paris". Continuaron para crear y protagonizar uno de los espectáculos más populares y exitosos, y además fueron los primeros en establecer a la magia firmemente en el mapa del entretenimiento. Una cantidad de los mejores artistas de la magia de hoy puede agradecerle a Las Vegas por su fama y fortuna.

Las residencias son atractivas para los casinos, que ahora se han transformado en resorts multi-propósito, donde el juego es solo una de las muchas actividades que se ofrecen. Los resorts no necesitan gastar dinero adicional en propaganda, ya que muchos de estos artistas son marcas establecidas con un fuerte plantel de seguidores. Sirven como inquilinos ancla en propiedades insignia y dirigen la ocupación de las habitaciones, así como en el gasto en mercadería, tiendas al por menor y restaurantes, optimizando así el uso de cada pie cuadrado de espacio dentro de la propiedad. Para los artistas, una residencia a largo plazo les da la posibilidad de echar raíces, criar familias, y no tener que lidiar con la complicación de andar viajando constantemente. La proximidad a Los Ángeles y Hollywood son un mayor incentivo para los presentadores de renombre que también trabajan en películas o en la TV.

El mercado de la magia actual está constituido por una amplia gama de artistas, desde las superestrellas que embolsan millones por año, a los actos individuales que pueden presentarse a medio tiempo, y para quienes la magia puede no ser una fuente primaria de ingresos. Algunos nombres locales dominan la lista de los titulares. Hasta hace poco, era difícil obtener información detallada acerca de las ganancias y escala de las operaciones individuales. Primero en el 2017, y nuevamente en el 2018, la Revista Forbes publicó una lista con los mayores magos del mundo, basados en un análisis más profundo. La información clave de estos reportes se presenta más abajo. Entonces discuto cómo el mercado se fragmenta aún más a medida que nos movemos por la línea, así como las fuentes típicas de ingreso para los magos. Toda la información presentada en esta sección es de fuentes de dominio público, incluyendo encuestas, reportes de diarios, y sitios web. Si bien el tamaño de la audiencia de la magia no se puede comparar de ninguna manera con la de la música, igual podemos obtener una vista instructiva del estado de la magia de renombre al considerar a sus mejores artistas y sus actividades e ingresos típicos. Sin ser sorpresa, muchos de ellos se encuentran en Las Vegas la mayoría del año. Las Vegas por lo tanto ha tenido un rol fundamental en la creación de un mercado para la magia de renombre, y ha tenido un rol continuo para la magia en la economía del entretenimiento, tanto de manera local, como global.

Para fines del 2018, se esperaba que Las Vegas recibiera a más de cuarenta y dos millones de visitantes, de los cuales alrededor de 6,6 millones asistían a convenciones, según información de la Autoridad de Convenciones y Visitantes de Las Vegas. De estos, cerca del 16% de los visitantes eran internacionales, el 21% visitaban por primera vez, y casi el 38% eran millenials. En el correr de las últimas dos décadas, a medida que el perfil de los visitantes se sometió a cambios significativos, los ingresos de las apuestas en Las Vegas, que antes era de cerca del 60% de los ingresos por turistas, ha caído a cerca del 35%. Para fines del verano del 2018, los mayores operadores de casinos reportaron reducciones en los ingresos por habitación disponible, una métrica de la industria que se utiliza para evaluar la rentabilidad de los casinos de Las Vegas. En paralelo, métricas relacionadas como ser la ocupación de habitaciones, así como la asistencia a las convenciones también se redujeron. Los participantes de convenciones, por ejemplo, es menos probable que apuesten tanto como otros visitantes y además contribuyen a más ingresos de ir a comer o el entretenimiento. Una cantidad de factores han dirigido este cambio. Como David Schwartz, Director del Laboratorio de Juegos en la Universidad de Nevada en Las Vegas me explicó, Las Vegas y Reno fueron considerados tradicionalmente los destinos principales para los apostadores, pero ese ya no es el caso. Una proliferación de opciones para las apuestas alrededor de los Estados Unidos significa que la gente no tiene que irse hasta Las Vegas para apostar. De hecho, cerca del 20% de los visitantes de Las Vegas directamente ni apuestan. Schwartz señala que el diseño de los casinos mismos ha cambiado en respuesta a los factores de la demanda cambiante. Antes parecían enormes cajas con aire acondicionado enfocadas puramente en las apuestas. Ahora el diseño ha dado una vuelta total, con una cantidad de opciones adyacentes a las apuestas. Estas incluyen las compras de lujos, restaurantes finos, y otras actividades minoristas. Los ejemplos principales incluyen el Link (Caesars Entertainment) y el área de alrededor de Nueva York, el área de Nueva York 2 (MGM Grand Resorts). Además, la estructura financiera cambiante de la construcción de casinos, donde los costos han aumentado hasta los miles de millones de lo que antes eran unos cientos de millones. Esto significa que se está poniendo una prima más grande en las opciones de ingresos que no están relacionadas con las apuestas directamente desde las etapas de planificación de estos proyectos.

Lo que ha cambiado a pesar del declive continuo en los ingresos por apuestas en Las Vegas es que el sector del entretenimiento ha asumido la atonía, resultando en presentaciones taquilleras de nombres reconocidos, y la disposición aumentada de promotores y empresarios para invertir en talentos nuevos. Las presentaciones de magia de renombre han sido los beneficiarios directos de estas tendencias. En cuanto a los casinos y resorts se refiere, hay mucha más competencia para ganancias del bolsillo del consumidor con un enfoque intenso puesto en entender dónde compran, dónde comen, y qué tipos de espectáculos y entretenimiento patrocinan. Los fans serios pueden planificar un viaje completo a Las Vegas basado en una presentación sola que planean ver (por ejemplo, Celine Dion, David Copperfield, o Penn y Teller). Sin embargo, los datos de la Autoridad en Convenciones de Las Vegas señalan que la amplia mayoría de los turistas generalmente deciden dónde comerán o las opciones de entretenimiento recién cuando están en Las Vegas, y frecuentemente el día mismo del espectáculo. A medida que la ciudad continúa atrayendo a audiencias más diversas, hay un inmenso apetito por un menú igualmente variado de opciones de entretenimiento. Junto a la música en vivo, la magia se ha vuelto uno de los sostenes y beneficiarios principales de estas tendencias, y el incremento comercial continuo de los muchos artistas líderes tiene que ser visto con esto en mente. En esta sección, miraremos principalmente los magos principales de los EEUU, y aquellos sobre los cuales la información de sus ganancias está disponible, especialmente para el 2017 y 2018. En una sección futura, también discuto el estado de la magia en otro gran mercado, el del Reino Unido. Esto será dentro del contexto de la Temporada 1 del programa *Fool Us* de Penn Teller, el cual estaba enfocado principalmente en los magos que se desempeñaban allí.

En el 2018, las siete actuaciones de magia mejores pagas reunieron ganancias anuales combinadas de $149 millones, sin descontar impuestos y tarifas. David Copperfield fue el mago mejor pago del mundo, y generó $61 millones pre-impuestos para los doce meses que finalizaron en junio del 2018, un ligero declive de los $61,5 millones pre-impuestos del 2017. Este fue el segundo año consecutivo en el que mantuvo el título. Sus fuentes de ingreso en el año incluyeron 670 espectáculos realizados en el MGM Grand en Las Vegas, tours y conciertos privados, ingresos de su resort en una isla privada, Musha Cay, en las Bahamas, el cual ha sido llamado el resort más lujoso del mundo, y su Museo de Magia. Incluyendo a Musha Cay, Copperfield es dueño de un total de 11 islas en las Bahamas como parte de sus bienes inmobiliarios. Han sido rebautizadas "Bahía de Islas Copperfield", y el resort les cobra a sus invitados célebres hasta $37.500 por noche. Los visitantes de sus propiedades allí incluyen nombres como Bill Gates, Oprah Winfrey, John Travolta y Sergey Bring. El mago más rico de la historia, su valor neto en el 2018 estaba estimado en $875 millones. Penn y Teller vinieron en segundo lugar en el 2018, en $30 millones, también un ligero declive de sus ganancias del 2017, de $30,5 millones, pre-impuestos. En el 2017, realizaron 254 espectáculos en Las Vegas, a más de $100.000 de valor de ingresos por noche, y han sido residentes en el Hotel y Casino Rio, donde han tenido el espectáculo con más trayectoria de la historia de Las Vegas. Ese año, también terminaron su cuarta temporada de *Penn and Teller: Fool Us*. Criss Angel quedó en tercer lugar, con $16 millones en ingresos, que fue más que los $14,5 millones que obtuvo en el 2017. Durante el año anterior, había estado haciendo tour con su "Mindfreak Live" con el Cirque du Soleil, realizando 10 espectáculos por semana en el Hotel Luxor (Las Vegas), haciendo un puñado de presentaciones privadas, y trabajando en su nuevo programa de TV, Criss Angel: Trick'd Up. Su ingreso fue un poco inferior al año anterior porque su tour no le permitió agendar más eventos. Además es dueño de una revista de viajes, The Supernaturalists, que no estuvo de tour ese año, así restando de sus ganancias. Su contrato con Luxor era por 10 años, y terminó en el 2017.

Artista	Ganancias
David Copperfield	$61m
Penn and Teller	$30m
Criss Angel	$16m
David Blaine	$13,5m
The Illusionists	$12m
Michael Carbonaro	$8,5m
Darren Brown	$8m

Tabla 1: 7 Principales magos en orden de ganancias (hasta junio del 2018)

En el 2018, David Blaine quedó en cuarto lugar, multiplicando sus ganancias a $13,5 millones, comparados con los $6 millones del 2018. El hito del año fue un tour norteamericano que vendió todas las entradas y generó cerca de $12 millones. A pesar de solo realizar 50 presentaciones, una buena parte de los ingresos fueron generados por ventas de mercadería y paquetes VIP que incluían encuentros para conocerse con los invitados. Blaine solía generar la mayoría de su dinero de espectáculos corporativos privados, pero el éxito de su tour reciente demuestra que ha generado una base de seguidores fuerte entre sus fans. El siguiente en la lista, en el quinto lugar, fueron los Illusionists, compuesto por un grupo de magos rotativos, que realizaron más de 350 espectáculos a nivel mundial, y generaron $12 millones. Uno de los hitos del año fue que Shin Lim ganara la competencia de America's Got Talent. Lim es uno de los magos estrella del grupo. En el año anterior, mantuvieron el cuarto lugar, con ganancias de $11,5 millones. Su espectáculo de Broadway fue el espectáculo de magia más exitoso de la historia, acumulando $2,4 millones en la primera semana. En sexto y séptimo lugar estuvieron Michael Carbonaro y Derren Brown, con ingresos de $8,5 millones y $8 millones. Cada uno tenía un programa de TV y tours populares, y Carbonaro había publicado varios libros y hecho un debut teatral fuera de Broadway. Brown además protagoniza un especial nuevo de Netflix, Sacrifice.

En el 2017, Dynamo había llegado en quinto lugar, con $9 millones en ganancias, un número que se ha reducido a la mitad después de que su tour de "Seeing is Believing" había terminado el año anterior. Pero hizo espectáculos de arena en Australia, así como presentaciones privadas, y desarrolló una asociación de marcas con el FC Barcelona. Sin embargo, en el 2018, cayó de la lista de los mejores artistas debido a su lucha continua con la enfermedad de Crohn. Discuto más acerca de magos británicos populares en una sección futura.

Como podemos ver, muchos de los magos de renombre se han labrado su propio nicho especial, pero además dependen de múltiples fuentes de ingresos. Típicamente, hay una división entre presentaciones en vivo en ubicaciones fijas (como en Las Vegas), presentaciones para grupos privados y en eventos, y ganancias de actividades como programas de TV y mercancía, y videos y cursos educativos en algunos casos. En las presentaciones de ubicaciones fijas, puede haber más segmentación de las ofertas, basadas en los perfiles de los clientes, y en la capacidad de los artistas de ofrecer paquetes escalonados que ofrezcan participaciones únicas y opciones pre y post-espectáculo. Discutiremos esto en mayor profundidad en una sección futura. Además hay una cantidad de magos cuya fuente principal de ingresos es crear trucos nuevos para vender, tanto a magos profesionales, como para el público, y varios tienen un negocio de presentación activa. Pueden mantenerse detrás de escenas, por así decirle, mientras siguen operando en lo mejor de sí, pero atendiendo principalmente al lado del mercado de negocio a negocio (o sea, proporcionándoles trucos y accesorios a otros magos). Siguen estando activamente comprometidos en la investigación y el desarrollo (de crear trucos, rutinas y espectáculos nuevos), promoción y relaciones públicas (a través de sus apariciones en los medios), y la producción eventual y venta de sus productos finales (espectáculos nuevos, especiales de TV, o fabricación y venta de accesorios, por ejemplo). De vez en cuando, algunos de ellos incluso desarrollan trucos para venderle al mercado masivo, y lo comercializan a través de los medios sociales, incluyendo sitios populares, como YouTube e Instagram.

Encontrar un nicho en el cual uno pueda sobresalir, tanto en los términos de audiencia y potencial de ganancias, parece ser extremadamente importante para aquellos que buscan carreras como magos a tiempo completo, ya sea como artistas en escenarios o de cerca. Así es como comienzan muchos magos, y frecuentemente donde se mantienen durante sus carreras enteras. Otros pueden tener un golpe de suerte que los ayuda a poner sus carreras en otro cambio, y da lugar a flujos de ingresos mejorados o extendidos. Un ejemplo excelente de esto es Steve Cohen, el autoproclamado "Mago de los Millonarios". En el 2003, Cohen era un mago profesional en quiebra, ganando cerca de $1.500 por espectáculo. Entonces conoció a Mark Levy, un asesor de posicionamiento, quien le dijo "Si tomas el trabajo de $2.000, entonces no conseguirás el de $20.000." Levy después se volvió el director creativo de Cohen, y juntos desarrollaron el personaje del "Mago de los Millonarios". Levy y Cohen descubrieron que había un bache lucrativo en el mercado – habían pocos actuaciones que atendían a los grupos de individuos pequeños pero muy adinerados (o sea, los súper ricos). Cuando Cohen apareció en CBS Sunday Morning pregonando este concepto, su popularidad creció de manera dramática, dejándole $1 millón netos en ventas de entradas para el fin de semana. Cohen ha trabajado para más de medio millón de invitados en el correr de su carrera, incluyendo a clientes de renombre como Michael Bloomberg, el Príncipe Sultán bin Saud de Arabia Saudita, Warren Buffett, Stephen Sodenheim, Guillermo del Toro, y la Reina de Marruecos. Presenta en el Lotte New York Palace Hotel, proporcionando un espectáculo privado de alto nivel, "Chamber Magic", para invitados adinerados y bien vestidos. Los espectáculos por lo general venden todas las entradas, y Cohen continúa expandiendo su portfolio único de trucos, frecuentemente probando y agregando rutinas nuevas. Dice que disfruta de actuar, y nunca esperó ser tan exitoso. En honor a su presentación número cinco mil, el gobernador de la Ciudad de Nueva York, Bill de Blasio, designó el 6 de octubre como el "Día de Chamber Magic", como un honor especial por este logro. Cohen siguió y protagonizó un documental del History Channel acerca de los orígenes de la magia. Como Cohen ha descubierto, cuando logró ingresar a una red exclusiva de clientes, los efectos de 'boca en boca' y de red tomaron el control, y su negocio tuvo un efecto bola de nieve. Además ha puesto sus energías creativas a trabajar creando una novela gráfica, llamada "El Mago de los Millonarios", la cual lo protagoniza en un rol ficticio como un superhéroe que lucha contra el crimen.

A pesar de los ingresos impresionantes generados por los mejores artistas, no todos los magos son nombres nacionales, generan ingresos de siete cifras, o tienen estilos de vida de alta sociedad que pueden ostentar. La mayoría de los magos son artistas a pequeña escala que hacen magia ambulante o en salones. La mayoría del dinero que generan viene de presentaciones en escuelas, fiestas privadas, y eventos corporativos. De los 15.000 miembros en la Hermandad Internacional de Magos, el 20% eran magos profesionales. Los buenos magos profesionales en las grandes ciudades pueden generar más de $100.000 anualmente haciendo eventos corporativos. Shawn Farquhar, expresidente de la Hermandad Internacional de Magos, genera $250.000 de espectáculos privados en América y Asia (ha engañado a Penn y Teller dos veces en sus presentaciones en *Fool Us*). Muchos magos profesionales por lo tanto generan entre seis y siete cifras anuales. Aaron Radatz genera siete cifras haciendo espectáculos nacionales e internacionales, estando situado en Las Vegas. Cuando era un adolescente, trabajó a tiempo parcial haciendo espectáculos pequeños, y ganaba tanto como un empleado a tiempo completo de cadenas de comida rápida. Tiene un diploma en marketing, y se enfoca en el aspecto empresarial de la magia. Sus mayores fuentes de ingreso son los eventos corporativos y espectáculos de casinos y parques temáticos. Dice que la mayoría de los magos son aficionados, no empresarios, y si un área está saturada de magos, el artista debe moverse y buscar nuevas oportunidades. Enfocarse en y mejorar la calidad del trabajo resulta en ganancias aumentadas. Diseñar accesorios personalizados en lugar de comprar productos comerciales puede resultar en gastos menores para el mago que recién está comenzando. Para los magos que consideran agobiante la tarea de manejar un negocio, además recomienda trabajar en pares con un asociado que entienda los aspectos empresariales. Esto le permite al miembro principal del equipo a enfocarse en la presentación, o viceversa. Frank DeMasi es otro mago a tiempo completo que genera seis cifras haciendo espectáculos familiares y fiestas de cumpleaños. Él, como Radatz, se ha adentrado en la magia instructiva. DeMasi genera una parte de sus ingresos de ventas de sus "Lecciones de

Magia de Magic Frank". Dice que con los artistas a tiempo parcial, obtendrás lo que pagas. La calidad del espectáculo aumenta con el precio y estatus profesional. La mayoría de los magos de pequeña escala compran o licencian las ilusiones que usan de diseñadores y creadores de efectos mágicos, bajo el autoimpuesto código de silencio del mago, que les prohíbe revelar cómo funcionan los trucos.

Greg Bordner, dueño de Abbott's Magic Manufacturing Company (un popular fabricante de accesorios), dice que la cosa más importante es tener un acto de calidad, seguido de una lista de personas a las cuales enviarles un email y hacerles seguimiento. En otras palabras, deben tener una plataforma y audiencia en la cual pueden confiar, y que estén comprometidos con sus marcas. Además, Bordner dice que cada mago exitoso debe hacer un acto único que debe mantenerse secreto a todo costo. Como la mayoría de los magos de carrera tienen espectáculos únicos, los magos de renombre son solo magos pequeños que han sido descubiertos. Max Darwin (Amazing Max) genera $200.000 anualmente, desde cualquier cosa que va desde espectáculos corporativos, a fiestas de cumpleaños, y además hace presentaciones semanales fuera de Broadway en tours. Dice que cuanto más exitoso es un mago, más aumentan sus tarifas, y menos tiene que trabajar. Con la flexibilidad agregada, puede hacer más espectáculos y magia familiar, que encuentra más gratificantes que los eventos corporativos. Gary Ferrar, otro mago ubicado en la Ciudad de Nueva York, prefiere las presentaciones más pequeñas, debido a la intimidad de desempeñarse delante de audiencias más comprometidas. De manera consecuente, tiene que realizar muchos espectáculos más, con los eventos corporativos ocupando los días de semana, y las bodas y los cumpleaños ocupando los fines de semana. Sus tarifas varían desde $1.500 (corporativos) y $500 (cumpleaños) por hora, y pueden aumentar dependiendo de la audiencia. Ha actuado para celebridades como Michael Bloomberg y Robert De Niro, quienes cree que lo ayudaron a establecer la marca y con el networking, y proporcionaron un aumento en su popularidad. Otro artista que se ha beneficiado de tener las conexiones correctas es Jonathan Bayme, el fundador de Theory11. Bayme ha utilizado su larga experiencia en la magia para crear un espectáculo llamado The Magician (El Mago), que originalmente comenzó con una presentación en vivo por semana, pero pronto se expandió a seis por semana. Con celebridades invitadas de perfil alto como Chelsea Clinton, Jesse Eisenberg, Jimmy Fallon y Kim Kardashian West, Bayme además sirve como un artista exitoso como asesor para otros magos. Con respecto a los espectáculos en Nueva York, las entradas frecuentemente se han agotado dentro de los primeros sesenta segundos después de ser lanzadas. En agosto del 2018, Theory11 anunció que debutarían un espectáculo de magia en Los Ángeles, protagonizando a Justin Willman. Willman es un mago reconocido que aparece frecuentemente en la TV, incluyendo la serie original de Netflix llamada *Magic For Humans* (Magia para Humanos). Además de que estos programas presenten apariciones de celebridades y promoción agresiva, hay una cantidad de ciudades en los EEUU donde la magia de cerca ha sido el pilar del entretenimiento nocturno. En Nueva York, Monday Night Magic (Magia de Lunes por la Noche) es el programa de fuera de Broadway de mayor trayectoria dedicado a la magia. Cada semana, un elenco rotativo de magos entretiene a una pequeña audiencia en un ambiente íntimo en el The Players Theater en Greenwich Village. De manera similar, Chicago es el escenario de un Cabaret de Magia todos los miércoles en el Greenhouse Theater Center, y la magia es el foco en otras ubicaciones como el Magic Lounge y el Magic Parlor.

Actuar para clientes pudientes generalmente proporciona una fuente de ingresos estables, o aumenta la popularidad para otros espectáculos, así como crea nuevas líneas de ingresos a través de la consultoría y las actuaciones personalizadas. Sin embargo, la mayoría de los magos son artistas a tiempo parcial que actúan como aficionados o para generar ingresos adicionales. Un ejemplo, Liam Maleah, actúa los fines de semana para divertirse, mientras que trabaja como abogado durante el resto de la semana. No está preocupado por generar dinero a través de sus actuaciones, ya que lo hace puramente por satisfacción personal. Por lo tanto, la industria de la magia está extremadamente diversificada, con mucha más fragmentación en el lado más bajo de la cadena de valor. En algunos casos, los magos novatos y semi-profesionales pasan una cantidad de años en esa etapa de la cadena de valores, y aun así obtienen una gran satisfacción con ello. Otros pueden llevar su magia a otro nivel y apuntar pronto a llegar a las grandes ligas. Uno podría discutir que la magia y las actuaciones de magia ahora es una industria madura, con artistas atendiendo cada segmento del mercado y desarrollando nichos distintos y posicionamientos dentro del ámbito. La industria, como cualquier otra, está impactada por los cambios de cultura, demandas del cliente, y desarrollos en la tecnología, pero muy a menudo ha estado a la vanguardia, dirigiendo el cambio mismo. En las siguientes secciones, veremos cómo la magia ha cambiado y evolucionado con el tiempo, y cómo la industria moderna de la magia como la conocemos, se ha desarrollado, principalmente a través de contribuciones impresionantes de varios artistas referentes, muchos de los cuales son nombres nacionales en la actualidad.

Amuletos de Escarabajos y Psiconautas: La magia a través del tiempo

El pensamiento mágico nos ha acompañado desde tiempos antiguos, y ha sido practicado entre todas las culturas. Los historiadores del arte y antropólogos teorizan que las pinturas rupestres del paleolítico que describen formas humanas y animales no eran solo una forma de pensamiento mágico, sino que además representaban sus creencias culturales arraigadas, incluyendo las encarnaciones de espíritus ancestrales. Quizás uno de los mejores ejemplos de esto de las civilizaciones antiguas de las cuales tenemos registros claros es el antiguo Libro de los Muertos de los egipcios (1500 a.C. a 50 a.C.), donde las pinturas y los jeroglíficos retratan imágenes de hechizos mágicos, que los egipcios antiguos creían facilitarían el pasaje del alma al inframundo. Estos hechizos también se usaban en la vida diaria para "atar" a la gente a diversos resultados y no eran solo de naturaleza verbal. Los creyentes les pagaban a los magos para que les dieran talismanes que pudieran usar para convertir sus deseos e intenciones en manifestaciones físicas. Frecuentemente los llevaban las personas consigo, por lo tanto haciendo que los amuletos fueran un accesorio de modas muy codiciado. Con casi cinco mil años de antigüedad, el Papiro Westcar, que se encuentra en exposición en el Museo Egipcio en Berlín, resgistra la historia de las proezas mágicas realizadas por sacerdotes y magos y es conocido también como el "Rey Keops y los Magos". En él, Djedi realiza hazañas como volver a fijar cabezas cortadas de animales y dominar leones salvajes, además de hacer alarmantes profecías acerca de la dinastía futura. La habilidad de Djedi de reanimar animales al volver a fijar sus cabezas cortadas fue uno de los misterios más desconcertantes en la magia hasta que fue redescubierto y realizado en los 1800s. En la actualidad, hay una versión moderna del truco que es interpretada por el talentoso mago inglés, Ali Cook, en su rutina de 'Gallinas y Patos'. De manera similar, el uso de hechizos y talismanes continúa existiendo hasta la actualidad a pesar de su eficacia dudable. Como Stuart Vyse, un psicólogo y autor de "Believing in Magic: The Psychology of Superstition" (Creyendo en la Magia: La Psicología de la Superstición) observa, en tiempos de gran necesidad, las personas se tornan hacia las creencias irracionales, y freceuntemente hacia las supersticiones, magia, religión y lo paranormal. De manera similar, el Dr. Ted Kaptchuk, que supervisa el programa de estudios de placebos el encuentro terapéutico en la Universidad de Harvard, cree que el poder de la sugestión puede ser un motivador fuerte. Ha participado de manera personal en múltiples estudios que demuestran que los placebos, rituales y talismanes juegan un rol modesto para ayudar a que los pacientes se sientan mejor, en comparación con las cirugías y la medicación. Esto no significa que haya algún tipo de causa y efecto científicamente establecido, sino simplemente que la esperanza y creencia pueden dirigir un comportamiento aparentemente irracional. En nuestras sociedades modernas donde se celebran las celebridades y la cultura de celebridades (en lugar de a dioses y diosas), los sociólogos ven paralelos con prácticas más primitivas. Al acercarse a las celebridades o comprar reliquias asociadas con las estrellas, el fan espera adquirir el poder de la celebridad a través de un proceso de transferencia, igual a como hacían los antiguos con sus amuletos y talismanes.

Avanzando desde el Egipto antiguo y mirando más adelante en la línea del tiempo del mundo antiguo, hay muchas referencias a la magia en las lenguas antiguas semitas, persas, arameas y caldeas, cada una con connotaciones ligeramente distintas. El filósofo griego, Herodoto describe a los *mágoi* persas, que eran consejeros reales y a cargo de realizar los rituales religiosos y asistían en la interpretación de los sueños. A través de estos lenguajes antiguos, podemos ver a la magia llegando al griego y latino y continuando su evolución. La magia en Europa ha tenido una larga historia, y ha sido una parte de muchas culturas desde tiempos antiguos hasta el presente. Por ejemplo, la tradición mágica en Inglaterra se estira de manera similar por cinco mil años, desde los chamanes de la época neolítica, los artesanos anglosajones del wyrd, a los wica y espiritistas New Age modernos. Recientemente, varios escolares han estado reconstruyendo la historia de la brujería y magia en Irlanda, a pesar de la escasez de material original. En Islandia, otro país con una tradición antigua en la práctica de la brujería y hechicería, se utilizaban hechizos mágicos para varios propósitos, domésticos y comunitarios. Durante la época de los vikingos, los rituales mágicos incluían a practicantes femeninos y masculinos, llamados "vísendakona" (la mujer de ciencia), y "seið-menn" (los hombres de ritual mágico). Juntos, participaban en ceremonias chamánicas que involucraban estados alternados de consciencia y viajes a otras dimensiones. Estos chamanes estaban preocupados por canalizar el poder y conocimiento de los dioses durante los rituales. Una distinción temprana de las variedades de magia proviene de Agustín de Hipona (345-430 d.C.), quien separó a los milagros de la magia, al considerar el agente subyacente que causaba los efectos impresionantes. Los milagros se le atribuían a Dios, y se creía que presenciarlos causaba una mayor adherencia entre los seguidores. La magia, por el otro lado, era inmoral y tabú, ya que se le atribuía a la involucración demoníaca.

Relatos de milagros y sus registros pueden ser imprecisos y generalmente son exagerados a través de su recuento. Un buen ejemplo de esto es el famoso truco indio de cuerdas, donde se pueden hallar relatos de testigos desde el decimocuarto siglo en adelante. En este truco, el mago tira una cuerda hacia arriba, la cual queda rígida. El asistente del mago (por lo general un niño pequeño) sube por esta cuerda y desaparece al llegar a la cima. Cuando no se vuelve a materializar, el mago mismo sube a buscarlo, pero solo caen partes desmembradas, seguidas por el mago. Las partes son cubiertas con una tela, y se revela al niño intacto con una floritura dramática. Un estudio de Wiseman y Lamont encontró que los relatos históricos de los testigos de este truco tenían la tendencia de ser exagerados. De hecho, cuanto más tiempo había pasado entre que se presenció el truco y su recuento, mayor era el grado de exageración. Por lo tanto, tenemos que tomar con pinzas los reportes de milagros presenciados, y generalmente hay una explicación más mundana para explicar los efectos descritos, incluso para la gente que lo presenció en persona. En su libro reciente, el autor y periodista residente de Australia, John Zubrzycki, señala los orígenes antiguos de las artes mágicas en India. Se dice que el Athara Veda, un texto hindú sagrado que se cree que se originó cerca del 1400 a.C., fue compuesto por sacerdotes del fuego que tenían habilidades para desempeñar ritos mágicos. Incluso en la actualidad, ninguna ceremonia religiosa seria en India se puede llevar a cabo sin un ritual de fuego sagrado, con invocaciones que se han pasado de generación en generación. Si estos son mágicos, es otra pregunta, pero la creencia es que hecho con la penitencia y dedicación apropiadas, los poderes especiales pueden ser convocados para ayudar. Esto es similar a la práctica de la 'magia blanca' que se practicaba durante el Renacimiento, donde el mago intentaba crear una alianza con espíritus divinos, y finalmente, con Dios. Por lo tanto, el sacerdote del fuego actúa como un intermediario entre el creyente y lo divino, y prescribe los materiales y procedimientos correctos que se deben seguir durante los rituales. Otros textos sagrados que se extienden hasta el siglo XI, contienen referencias a hechizos mágicos y las historias que los rodean. La práctica de la magia en India ha estado profundamente vinculada con la religión y superstición y ha sido practicada por hombres conocedores, así como artistas callejeros, maleantes, embaucadores y estafadores. Para fines de los 1700s, los magos indios estaban siendo enviados a Londres para entretener a sus amos británicos. Como lo dijo un escriba británico, "la tribu completa de hombres prestidigitadores son meros chapuceros cuando se comparan con los malabaristas en India". Pronto, estos invocadores reclutados estaban deleitando a las audiencias inglesas con efectos desde levitación y encantamiento de serpientes, a tragar espadas, mientras se pintaba una imagen exótica y ligeramente distorsionada de la colonia lejana. Ha habido también una larga historia de la práctica de brujería y 'magia negra' en India, con sus exponentes enfrentando persecuciones frecuentes. De manera interesante, la práctica de la brujería y las reacciones violentas en su contra continúan hasta la actualidad. Más de dos mil sospechadas de brujas fueron asesinadas entre el 2000 y 2012, según registros de la Oficina de Registros de Crímenes Nacionales de

India. Un promedio de 150 mujeres al año son asesinadas, acusadas de ser brujas, en especial en el centro de India, un número abrumador.

Durante los siglos XV y XCI, hubo un resurgimiento en el interés en la magia ceremonial. En 1456, Johannes Hartlieb, un físico bávaro real, señaló las siete *artes magicae* o *artes prohibitae*, que eran actos explícitamente prohibidos por la ley canónica de la Iglesia. Estos incluían la necromancia, geomancia, hidromancia, aeromancia, piromancia, quiromancia, y scapulomancia. Estas eran formas diferentes de adivinación basadas en los medios que se utilizaban. Mientras que la necromancia o magia demoníaca se trataba de 'levantar a los muertos' y realizar la adivinación con sangre y cadáveres, las demás categorías eran menos controversiales, tratando con la adivinación utilizando piedras y arena (geomancia), agua hidromancia), aire (aeromancia), fuego (piromancia), lectura de palmas (quiromancia), y la escápula de los animales (scapulomancia).

La magia además jugó un rol importante en el paisajismo artístico y cultural. Una pintura temprana de Hieronymus Bosch, de nombre 'El Prestidigitador', que creó en 1502, denota una presentación de magia de cerca que presenta la rutina añeja de vasos y pelotas. Si miras de cerca, no solo el miembro de la audiencia que está al frente está siendo engañado por el mago, sino que uno se pregunta si está robándole del bolsillo el miembro de la audiencia que está detrás de él, quien está convenientemente mirando al techo y practicando el engaño. ¡Quizás él también sea un aspirante a prestidigitador!

El Prestidigitador, de Hieronymus Bosch, 1502

Durante el Renacimiento, el pintor famoso, Sandro Botticelli produjo obras que se consideraba tenían poderes mágicos protectores, y otras que tenían la intención de invocar a los poderes oscuros de la magia. En su pintura famosa, La Primavera, que se pude observar en el museo Uffizi en Florencia, Botticelli presenta a Venus, en una bata roja, en el centro del marco. Aunque el significado exacto de la escena sigue bajo debate, algunos escolares creen que ella denota la benevolencia que protege a la humanidad. A la izquierda se encuentra Mercurio, el dios romano de los mercaderes, viajeros y transportadores de bienes, y ladrones y embaucadores. Con sus sandalias aladas, juega el rol de disipar las nubes. También en Florencia, la iglesia de la Santissima Annunziata contiene una Anunciación hermosamente pintada, que se cree tiene poderes mágicos, cuidando a los locatarios cada vez que la ciudad parecía estar en peligro grave. Boticelli también realizó escenas famosas de la conspiración Pazzi en Florencia, de 1478. La adinerada familia Pazzi, con apoyo del Papa Sixto IV, el rey de Nápoles, y otros conspiradores habían planificado asesinar a los hermanos Guiliano y Lorenzo de Medici, y así tomar control de Florencia. Aunque Guiliano sucumbió a sus heridas, Lorenzo escapó y los Pazzi fueron rápidamente cazados y traídos ante la justicia. Sus propiedades fueron confiscadas y fueron eliminados de la historia, a pesar de su previa posición predominante en la sociedad florentina. En su representación de los conspiradores en la Piazza della Signoria en Florencia, las pinturas de Botticelli se consideran cursos visuales que invocan las fuerzas malévolas de la magia. Los turistas que miran hacia arriba desde el Palazzo Vecchio en la actualidad aún pueden ver las ventanas en el piso de arriba del todo, el cual antes sirvió como horcas para los conspiradores que Botticelli representó.

La Primavera, de Sandro Botticelli, est. 1470-1480

Durante el período Barroco, muchas universidades europeas continuaron con el estudio de las artes ocultas. Los antropólogos han observado que las creencias mágicas siguen siendo generalizadas en la mayoría de las sociedades en desarrollo, así como las culturas tradicionales de África, Asia, América Central y del Sur, y el Pacífico. En su libro famoso, *The Golden Bough* (La Rama Dorada), Sir James Frazer, un reconocido antropólogo escocés, documenta cómo dichas creencias son comunes en muchas sociedades primitivas en varios continentes. Un ejemplo interesante que cita es la de cazadores de ciertas tribus de Nueva Guinea, que utilizan un amuleto de escarabajo para que les ayude a volverse más exitosos para arponear tortugas o dugongos, un tipo de manatí. Colocan escarabajos pequeños, encontrados típicamente en palmeras, en sus lanzas, justo detrás de la punta de la misma. Su "creencia mágica" es que la punta de la lanza se clavará bien en su presa, de manera similar a cómo un escarabajo queda clavado en la piel humana cuando la muerde. En su libro clásico, The Mirror of Magic (El Espejo de la Magia), el surrealista suizo, Kurt Seligmann descibe de manera experta la historia de la magia en una amplia arca que se puede rastrear hasta la Mesopotamia y Persia. Entonces evalúa las prácticas medievales como el gnosticismo y la alquimia, con temas como la brujería, la cábala, y artes mágicas como el tarot, quiromancia y la astrología. La mayoría de estas prácticas caerían en la actualidad bajo el amplio término de la 'superstición' y la mayoría de los magos profesionales no querrán tener nada que ver con ellas, y como veremos, varios de ellos han intentado activamente desmentir estas prácticas. Estas creencias y prácticas tampoco se prestan bien al escrutinio de la observación o experimentación científica.

En las sociedades modernas, la ciencia y la tecnología nos dan conocimiento y control. A pesar de eso, ha sido demostrado con algunos estudios que la gente cuyas profesiones involucran un nivel mayor de riesgo, son más propensos a creer en las supersticiones. La magia podría por lo tanto estar sirviendo la necesidad psicológica de proporcionar control y orden, y esto ciertamente explica su lugar prominente en las sociedades primitivas y pre-modernas. Un arqueólogo británico, Ralph Merrifield, fue uno de los primeros escolares que hizo una distinción explícita entre la religión y la magia. En su punto de vista, mientras que la religión se refiere a la creencia que los individuos y las sociedades expresan en seres o fuerzas sobrenaturales, la magia es más instrumenta, en el sentido de que se utiliza para poner bajo su control a fuerzas ocultas y de esa manera influenciar eventos y resultados. Otros han discutido que estas dos áreas no se pueden ver aisladas, sino que en realidad tendríamos que pensar en ellos como conceptos complementarios.

El impacto de la magia y el pensamiento mágico se pueden sentir en la cultura contemporánea, y el caso de Harry Potter es un ejemplo destacado. Lo que comenzó como una idea en la imaginación fértil de una autora talentosa, ahora es un imperio multimillonario. Cuando J.K. Rowling comenzó a escribir una serie de novelas de fantasía que protagonizaban al joven hechicero, no imaginaba que su personaje pronto sería parte del paisaje de la cultura global. Desde la Telaraña de Carlota en los 1950s, la serie de libros de Harry Potter fueron el siguiente ejemplo de libros infantiles que entran a la lista de los mejores vendidos del New York Times, alcanzando las primeras tres posiciones de la lista en 1999. En la actualidad, la franquicia incluye una serie de libros exitosos, películas, e incluso un parque temático de $500 millones, The Wizarding World of Harry Potter, ubicado en Universal Studios en Hollywood. Los libros y las películas en esta franquicia atraen tanto a niños como a adultos. En su libro, que analiza el impacto de Harry Potter en la imaginación popular, Travis Prinzio señala que los cuentos ofrecen un tipo de atractivo especial para los fans. No solo representan un escape del mundo real, sino que además contienen el poder de transformación tanto para individuos, como para la sociedad en general. Usando personajes mitológicos que atraen a la imaginación, Rowling transmite exitosamente el poder de las esperanzas y aspiraciones, y la voluntad necesaria para transformarlos en acción. Así como Luke Skywalker, Harry representa la esperanza para los fans del héroe que trasciende las probabilidades para lograr la victoria. La serie misma está repleta de magia y alusiones a ella. Ya sea el uso de hechizos específicos, portales mágicos a otras dimensiones, o la adquisición de poderes especiales, el mundo de fantasía de Harry Potter cobra vida por la magia.

Sin embargo, la magia y las referencias a ella no parecen mezclarse bien con la práctica extremista de la religión en la actualidad, a pesar de sus eras previas vinculadas. Históricamente, esto es porque la magia ha sido asociada con el lado oscuro. Como resultado, la serie de libros de Harry Potter escrita por J.K. Rowling y la trilogía de los Juegos del Hambre de Suzanne Collins siguen estando prohibidas en algunas escuelas y bibliotecas religiosas debido a sus referencias a la magia y lo oculto y la creencia que promueven las prácticas como la brujería, hechicería y el satanismo. La serie de libros de Harry Potter es celebrada de manera rutinaria en la Semana de Libros Prohibidos que es llevada a cabo por la Asociación de Bibliotecas Americanas (ALA) para sensibilizar que la gente puede y va a intentar prohibir libros, incluyendo libros infantiles. La ALA toma la posición de que, en el caso de los libros infantiles, los padres o las familias deberían de tener la decisión final, en lugar de que un intermediario promueva cualquier tipo de prohibición global. A pesar de esto, la serie de Harry Potter ha vendido más de 500 millones de copias a nivel mundial, demostrando que la magia es una fuerza cultural potente.

Varias teorías han sido especuladas para considerar por qué los humanos se han permitido el capricho del pensamiento mágico en un primer lugar. No podemos descontar la idea de que los primeros humanos obtuvieron acceso a visiones y dimensiones mágicas a través del descubrimiento accidental y uso de compuestos psicodélicos encontrados naturalmente en algunas plantas. Esto reforzó la idea de la existencia de un "plano mágico" al cual se accedía a través de estos portales, y que quizás era de carácter universal. En su libro, Cleansing the Doors of Perception (Limpiando las Puertas de la Percepción), una referencia al trabajo de Aldous Huxley, el escolar religioso, Huston Smith, sugiere que estas experiencias terminaron expandiendo las percepciones de los primeros "psiconautas", lo cual los convirtió en los primeros magos y chamanes, y su conocimiento encontrado en un vocabulario para entender lo mágico y lo místico. El notorio escritor gastronómico, Michael Pollan recientemente se aventuró dentro de este ámbito a través de su exploración de los efectos del LSD, el cual ahora está siendo introducido a la práctica clínica, después de un período prolongado de ser ignorado por los investigadores después de los alocados años sesenta. Estos enteógenos (derivado de "divino por dentro" en griego), una amplia variedad de sustancias psicoactivas que incluyen el LSD, psilocibina y compuestos naturales como los que se encuentran en ayahuasca ahora están siendo explorados como tratamientos para una amplia gama de dolencias que van desde el cáncer, hasta el alcoholismo crónico.

Otras explicaciones más probables incluyen la teoría del pensamiento asociativo, que supone que los humanos tienden a confundirse una conexión imaginaria con una real. Un ejemplo de esto es la práctica de los miembros de la tribu Azande en África Central Norte, que creen que frotar dientes de cocodrilo en las plantas de banana puede dar lugar a una cosecha exitosa de bananas. Asocian los dientes curvados de cocodrilo con la curvatura de las bananas, y habiendo que los dientes de cocodrilo vuelven a crecer luego de caerse, quieren transferirle ese poder a los árboles de bananas. Sir James Frazer llevó esta idea un paso más allá al sugerir que las concepciones generales enteras de algunos individuos son formadas por una creencia en principios similares miméticos u homeopáticos. Esto también se conoce como la noción de que los "similares se afectan", donde dos objetos que una vez estuvieron conectados siguen teniendo un vínculo a pesar de luego ser desconectados.

Con la Revolución Industrial, vino la proliferación de artilugios y máquinas ingeniosas que podían ser diseñadas para evocar propiedades aparentemente misteriosas y mágicas. No todos estos artilugios eran lo que parecían ser, y algunos dependían de sutiles trucos psicológicos. Entre los más famosos de estos artilugios estaba "El Turco", un jugador automatizado de ajedrez, que se pensaba estaba impulsado por un mecanismo de reloj. Napoleón Bonaparte y Benjamin Franklin jugaron famosamente a partidas de ajedrez con El Turco, un sujeto de fascinación y controversia intensa durante varias décadas. Aunque estaba exhibido por sus dueños como un autómata, El Turco era un engaño ingeniosamente diseñado. Dentro de sus confines, tenía el lugar para acomodar a un jugador experto de ajedrez, y en el correr de un período de 84 años, engañó a audiencias en varios países al esconder a habilidosos jugadores de ajedrez que eran capaces de derrotar a una fila impresionante de oponentes. Sin embargo, fue famosamente derrotado por François-André Danican Philidor, quien es recordado actualmente por jugadores de ajedrez por la Defensa Philidor (1. e4 e5 2. Nf3 d6). Mientras que El Turco fue un ejemplo de un artilugio que no era, resulta que a pesar de las herramientas nuevas otorgadas por la tecnología, los magos exitosos han mantenido sus actos relativamente simples y fáciles de entender, sin irse por completo por la borda con accesorios y artilugios mecánicos.

**Grabado en Cobre de El Turco
(atribuído a Kempelen Farkas)**

Volverse un Mago Moderno

Nuestra concepción de la magia actual, en especial en las sociedades avanzadas industriales y post-industriales, es muy distinta de la de las sociedades primitivas o tribales, y difiere en particular de manera significativa con lo que era considerada parte de las artes mágicas a fines del siglo XVII y principios del siglo XVIII. La antropóloga Tanya Luhrmann hace la distinción entre la magia ritual que se utilizaba para lograr fines instrumentales, y lo que podríamos llamar magia del entretenimiento, o magia secular, cuyo propósito es engañar a una audiencia que sabe que será engañada. Pensamos en la magia como una forma de entretenimiento, y en los magos como artistas o intérpretes que intentan crear ilusiones para nosotros que parecen magia. Esta es una diferencia crítica, creer *en* la magia como un medio para lograr un propósito, versus disfrutar de algo que *parece* magia, sencillamente por el fin de disfrutarlo. Las otras atracciones de la magia son su capacidad de sorprendernos, su inherente imprevisibilidad, y las extrañas rutas que sus igualmente excéntricos intérpretes pueden elegir

28

para atraernos al espectáculo. En este libro, el enfoque está en este tipo de magia: la habilidad, arte y práctica que puede deleitar y entretener, que se puede aprender y enseñar, y que típicamente se realiza por artistas, tanto en ambientes de salón, de cerca, o para audiencias más grandes en un teatro grande.

Desarrollar las habilidades y experiencia necesarias para ser un mago exitoso requiere de una ruta distinta a la de otros dominios como el arte o la música. Acceder a conocimientos especializados y propietarios de la magia no es fácil. La mayoría de la magia que se encuentra por los medios regulares, incluyendo las tiendas de magia o en línea se puede considerar "magia popular". Sin embargo, esto puede simplemente ser una indicación errónea de parte de los profesionales. Para ingresar a un círculo profesional de magos, las barreras son un poco más elevadas. Para unirte a un grupo como la Hermandad Internacional de Magos, debes demostrar interés hacia la magia por al menos dos años antes, así como recibir patrocinio de al menos dos miembros. En otras palabras, hay un sistema de filtros. De manera similar, el Magic Castle en Hollywood, o el Magic Circle en Londres restringen el acceso, y requieren que todos los solicitantes hagan audiciones. Como Loshin, un escolar en propiedad intelectual en Yale observa, incluso el Príncipe Carlos, un mago amateur, tuvo que hacer una audición en el Circle, para ser considerado para la membresía. Fundado en 1905, el Magic Circle es una sociedad mágica Premier ubicada en Londres con una membresía internacional de cerca de 15000. Su lema en latín dice, *Indocilis Privita Loqui*, que se traduce como 'mantén la boca cerrada'.

Obtener acceso a "magia propietaria" es incluso más difícil de lograr, y esto puede suceder solo si una masa crítica de practicantes principales están convencidos que pueden confiar en ti. El entrenamiento formal es algo raro de encontrar; y la mayoría de los magos aprenden principalmente a través de las prácticas personales dedicadas y el apoyo de redes sociales informales en las cuales se encuentran arraigados. Muchos magos exitosos han tenido la suerte suficiente como para ser alimentados a través de aprendizajes con practicantes más establecidos o expertos, durante los cuales absorben sus habilidades por ósmosis, continuo entrenamiento formal o informal, y observación y prácticas pacientes. Para obtener acceso a conocimiento tan avanzado, tienen que establecer relaciones de confianza con los expertos, lo cual lleva tiempo y esfuerzo. Además no hay una manera de medir de manera subjetiva las habilidades o experiencia en la magia. Mucho de esto depende de la audiencia y sus expectativas, y si el mago tiene éxito en excederse de las expectativas en una o más dimensiones, y el tiempo y ambiente en el cual se hace. Las habilidades que un mago usará para desempeñarse para sus pares serán muy distintas de las que pueden usar para una audiencia novata. Como han señalado los investigadores de psicología y negocios, los magos deben ser extremadamente innovadores y emprendedores en su adquisición de un juego diverso de habilidades y competencias en el correr de sus carreras. Deben ser capaces de clasificar y organizar estas habilidades rápidamente, desarrollar rutinas de presentaciones sofisticadas y bien pulidas basadas en este conocimiento, e intentar constantemente mejorar y construir sobre sus repertorios para crear efectos nuevos. En otras palabras, tienen que desarrollar técnicas avanzadas de aprendizaje y para generar sentidos, así como una capacidad de absorción que les ayude a internalizar el conocimiento nuevo rápidamente para beneficio propio. Como señala el ensayista Adam Gopnik en The New Yorker, hay más en la magia que simplemente saber cómo se hace el truco. En su lugar, el "trabajo real" consiste en saber las complejidades del espectáculo, beber el cuerpo acumulado de conocimientos, y la capacidad de aprender de la tradición en manos de los maestros expertos. Mientras que los magos son competitivos y están ansiosos por impresionar a sus pares por un lado, también están abiertos a compartir sus conocimientos y habilidades técnicas. Al hacerlo, no solo pueden mejorar su propio conocimiento y habilidades, sino que además pueden obtener ideas nuevas para sus presentaciones futuras. Este proceso de intercambio creativo dentro de la comunidad crea una situación en la que todos los miembros salen ganando.

Derivado de la palabra griega, *magos*, magia refiere a los miembros de una clase aprendida de élite, y algo ajeno o distinto. Sin embargo, la definición de magia, similar a la de ciencia o religión, ha cambiado en el correr de las distintas eras, con las fluctuaciones del tiempo, culturas y estratos sociales. El escritor inglés y aventurero bohemio Aleister Crowley, definió a *magick* como "la ciencia y arte de causar que el cambio ocurra en conformidad con la voluntad". Esto claramente alude al control que todo mago debe tener sobre el resultado de su truco, pero no dice mucho de la motivación detrás de la magia misma. Crowley además creía que los rituales ayudaban a separar el ego (en el sentido freudiano) del mago, y le ayudaban a descubrir más acerca del inconsciente. Tanto el arte como la magia derivan de la necesidad humana de entender mejor el mundo en el cual viven. Aunque vivimos en una era secular liderada por avances científicos, comunicaciones instantáneas y tecnologías casi ubicuas, la magia sigue teniendo un encanto en nuestras mentes y corazones. A pesar de esto, la magia y su presentación tienen la tendencia de evocar reacciones contradictorias. Como el eminente escolar y presentador Lawrence Hass señala, en un extremo las presentaciones de magia se encuentran bajas en el espectro de las búsquedas humanas – en algún lugar entre la "mímica y el plegado de globos". Sin embargo, en el otro extremo, y especialmente en manos de los artistas refinados, nos encontramos atraídos a su misterio y asombro, y tiene la capacidad de transportarnos a un estado extático. Tomando esta idea en mayor profundidad en una entretenida charla TED, Hass define a la magia como "la representación artística de cosas imposibles que generan energía, deleite y asombro". Una breve definición y discurso de ventas para la magia, si existiere. Hass sugiere que en el correr de nuestras vidas, atravesamos la representación de la "magia de la vida" y propone que los humanos son animales tan mágicos, como racionales. Por lo tanto, los magos exitosos no solo realizan versiones exageradas de la magia que realizamos en nuestras vidas diarias, sino que además crean experiencias que *desearíamos* poder realizar nosotros mismos, ya sea que nuestros deseos para esto son conscientes o siguen dentro de nuestras mentes inconscientes.

Un buen truco de magia crea un conflicto o duda en nuestras mentes entre lo que hemos observado, y lo que creemos posible. Cuanto mayor es la brecha entre estos dos puntos, mayor es nuestro sentido de asombro. Durante ese momento breve, suspendemos la realidad, así quedando seducidos por la magia misma. La magia no se trata de suspender la creencia para acomodarse para experimentar realidades en conflicto. La sensación de contradicción es similar a lo que experimentamos cuando caminamos sobre un puente transparente: hay un conocimiento de seguridad, pero por instinto, lo hallamos inseguro.

Szabó Gendler dice que hay una contradicción entre la creencia y lo que ella llama "alief" un estado mental más primitivo, uno que cae fuera del ámbito de la creencia. Básicamente, en la magia, la persona no cree intelectualmente que el truco sea real, pero emocionalmente creen que es real. Cuanto mejor es realizado el efecto, mayor es nuestra creencia emocional en su veracidad. Los magos inteligentes saben que el efecto que logran ocurre tres veces, la primera cuando se realiza, la segunda en la memoria del espectador, y la tercera vez cuando le cuentan la historia a un amigo o conocido después. Cuanto más espectacular es el efecto, más se embellecerá la historia. Por lo tanto, es importante decir y hacer cosas que formen el recuerdo y recuento del efecto mismo, así ayudando a perpetuar el estatus "mítico" del mago.

Dado que es casi seguro que una audiencia atenta intentará explicar una ilusión, un mago debe poder anular cualquier idea que puedan tener de lo que realmente puede estar sucediendo, de modo de crear una creencia y convicción fuertes. Para hacer esto, la mayoría de los magos incorporan pasos deliberados dentro de sus rutinas, donde están, en esencia, desmintiendo cada teoría de los observadores. En la famosa rutina de vuelo de David Copperfield, hace algunos saltos mortales, vuela por entre aros, y vuela dentro de una caja de vidrio cerrada para eliminar sistemáticamente cualquier teoría que la audiencia pueda tener de cómo funciona la ilusión. Su objetivo principal es maximizar la disonancia cognitiva. El cerebro intenta formular explicaciones, y si no puede encontrar una convincente, entonces esa misma disonancia cognitiva que no se puede resolver, es la sensación de "magia". Para obtener una disonancia máxima, el artista debe estar lo más cerca posible de la audiencia, maximizando la credibilidad. La magia en la TV es especialmente difícil de creer porque uno siempre puede sospechar que hay trucos de cámaras o edición de videos. Aunque el método detrás del truco de Copperfield se puede obtener mirando la Patente N° 5.354.238 de los EEUU, la coreografía y presentación de esta ilusión son tan convincentes que uno igual está dispuesto a suspender sus creencias incluso estando armado con este conocimiento. Usando métodos ligeramente distintos a los de David Copperfield, David Blaine fue pionero en la magia de TV creíble con su programa *Street Magic* (Magia Callejera), que se enfocaba en las reacciones de la audiencia para proporcionar evidencia de la legitimidad. De manera similar, el mago británico, Dynamo, y otros también han seguido con esta tradición en sus apariciones en TV. Pero la TV aún es un competidor pobre en comparación con ver magia en vivo y de cerca. Esta es una razón por la cual a Penn y Teller les gusta que los llamen al escenario para observar la magia de cerca, ya que es donde se pone todo a prueba y la verdadera constitución del mago puede ser determinada. El mago que puede demostrar el dominio de la magia de proximidad bajo la mirada expectante de los expertos y pares, por lo tanto, tiente toda la razón para estar orgulloso de sus logros. Es una de las gratificaciones más grandes en la magia.

Debido a su relación inestable con los mundos de la física y lo supernatural por un lado, y la de los timadores y estafadores por el otro, la magia teatral ha sido prácticamente ignorada por los críticos del arte e historiadores. Como el filósofo Jason Leddington señala, a pesar de su estatus preeminente de antaño en el mundo del entretenimiento público, la magia a veces queda relegada y clasificada como un acto de atracción secundara más acorde con los cumpleaños infantiles, y lo irreal de la Franja de Las Vegas. Sin embargo, eso puede estar cambiando rápidamente con el resurgimiento del interés público en la magia, así como su éxito comercial. Así como fue una fuerza cultural prominente en Europa y en los EEUU en los siglos XIX y XX, la magia teatral está encaminada a tener un resurgimiento fuerte.

Capítulo 2: Hicieron que Sucediera

La manera más fácil de atraer a una audiencia es dejar que se sepa que en un momento y lugar dado, alguien va a intentar hacer algo que, en caso de fallar, significará una muerte súbita.
—Harry Houdini

En la magia, me toma dos o tres años crear una ilusión de 5 minutos, para que la tenga en el nivel que la deseo.
—David Copperfield

Magia en la Cultura Popular de los EEUU

La magia ocupa un lugar único en la cultura americana, uno que históricamente ha celebrado confianza, riqueza, ilusión y el engaño ingenioso. Aunque los magos profesionales estaban bien establecidos en Europa para el siglo XVI, tomó un tiempo antes de que pudiera avanzar en América. La magia, de hecho, estaba prohibida en muchas colonias iniciales, ya que los puritanos creían que la magia era trabajo del diablo, y contaba como nada más que entretenimientos ociosos que había que evitar. El ejemplo más extremo de esta actitud fueron los juicios de las brujas de Salem, en Massachusetts. Consideradas las cacerías de brujas más mortales de la historia americana, un total de diecinueve acusados (catorce mujeres y cinco hombres) fueron hallados culpables y ejecutados en la horca en el correr de un año, entre 1692 y 1693. La lista de acusados tenía más de doscientos nombres. Gran Bretaña, por el otro lado, había experimentado algo similar casi cien años antes de los juicios de Salem. En 1584, Reginald Scot escribió el libro *The Discoverie of Witchcraft* (El Descubrimiento de la Brujería), revelando varios trucos, incluyendo la rutina de pelotas y vasos en lo que fue uno de los primeros libros de textos acerca de la magia. De manera interesante, él era un gran defensor de la magia, y su motivación para publicar este libro fue la de detener la persecución de los magos por parte de los líderes religiosos durante este período. Afortunadamente para las colonias nuevas, para la época de la Revolución de las Trece Colonias, las actitudes hacia la magia se habían vuelto mucho más relajadas, resultando en una cantidad de magos europeos haciéndose camino hasta las costas americanas. La magia pronto llegó a ser reconocida por su valor de entretenimiento, aunque su lado más nefario no podía ser fácilmente olvidado.

En una novela oscuramente profética publicada el Día de los Inocentes en 1857, The Confidence Man (El Hombre de la Confianza), el escritor Herman Melville nos muestra cómo la mente humana puede ser habilidosamente manipulada gracias a sus propias creencias, inseguridades y temores. El escenario es en un viaje en una embarcación llamada Fidèle, que navegaba por el Río Mississippi desde San Luis y hacia Nueva Orleans, también en el Día de los Inocentes. Justo antes de que el barco zarpe, un extraño llega a bordo. Durante el viaje, utiliza una cantidad de disfraces para engañar y manipular a los pasajeros. Tanto, que para cuando el viaje concluye, los pasajeros no saben en quién confiar. El prototipo del hombre de la confianza se puede rastrear hasta un caso en la Ciudad de Nueva York, en 1849. Samuel Thompson (o Thomas Williams, su alias), abordaba a extraños en la calle, y hacía como que los conocía desde antes. Entonces les hacía la pregunta a sus víctimas inocentes, "¿confías en mí?" Si la respuesta era que sí, entonces les pedía que le prestaran el reloj hasta el día siguiente. De manera sorprendente, una cantidad de sus víctimas acordaba hacerlo, y nunca más veían sus objetos de valor. Se cree que Herman Melville puede haber visto una cobertura de la historia en el diario The Herald, ya que vivía en la ciudad en esa época, y que puede haber influenciado su libro. Si bien las técnicas utilizadas por los magos de la actualidad pueden no ser tan claras o nefarias en sus intenciones, definitivamente toman en cuenta la psicología humana y nuestras reacciones a promesas que pueden parecer inocuas en la superficie, pero pueden ocultar motivos ulteriores. Dos magos exitosos y de renombre, David Blaine y Criss Angel, o el Gentelman Thief

(Caballero Ladrón), Apollo Robbins, han usado de manera habilidosa este conocimiento de reacciones y psicología de audiencia para presentar muchos de sus trucos. Combinas esta habilidad con la prestidigitación, y tienes a un mago formidable sobre el escenario o en la calle.

Penn y Teller pertenecen a una larga línea de magos que están constantemente intentando embaucar a sus audiencias, como una forma de entretenimiento. Los magos son reconocidos por encontrar inspiración en diversos ámbitos, y frecuentemente se especializan en un área o más donde puedan hacer las mejores contribuciones. Son competitivos por naturaleza, en un ámbito donde sentirse superior es la orden del día. Este aspecto de la magia está bien presentado en la película de Hollywood previamente nombrada, The Prestige. La película sigue la rivalidad entre dos magos de escenario en Londres a fines del siglo XIX. Ambos están impulsados a crear la mejor ilusión y superarse el uno al otro. Tristemente, esta competencia se lleva al extremo y termina en tragedia. Protagonizando a nombres reconocidos de Hollywood como Hugh Jackman, Scarlett Johansson, Michael Caine, Christian Bale, y David Bowie, esta película les dio a las audiencias un pantallazo de lo que ocurre detrás de escenas cuando se trata del impulso creativo y las motivaciones para el éxito de los artistas de la magia. La película también hace alusión a la competencia feroz entre Thomas Edison y Nikola Testa, quienes pueden ser comparados con dos magos realizando el mismo truco. Sin embargo, solo uno termina siendo rememorado y celebrado (Edison), y su éxito puede depender más del encanto o la suerte, en lugar de mérito puro. De manera similar, muchos magos pueden realizar el mismo truco, pero pueden ser solo uno o dos quienes son reconocidos por su maestría y desempeño superlativo.

El mago más famoso que vivió, Houdini, era ferozmente competitivo y siempre buscaba superar a sus competidores. Si su competidor hacía desaparecer un caballo, él tomaba el desafío de hacer desaparecer un elefante. Esto por supuesto fue llevado a otro extremo por David Copperfield, cuando hizo "desaparecer" la Estatua de la Libertad. El abordaje humoroso de Penn y Teller de esto fue desaparecer a Elsie la Elefante, y reemplazarlo con lo que describieron como un "animal de granja común", un pollo. Houdini además se esforzaba por encontrar y desarrollar maneras nuevas de superar sus logros, como diseñar ganzúas personalizadas (sus herramientas preferidas). Le gustaba alardear de mucho de su proceso, lo cual hacía que los trucos parecieran transparentes, justos y creíbles. Introdujo ideas como revelarse a través de un panel de vidrio en su Celda de Tortura Acuática China, así la audiencia podía ver claramente lo que estaba ocurriendo. Houdini además promocionaba su espectáculo más allá al mostrarle al público sus herramientas y desafiando a las autoridades locales a que lo encerraran e hicieran escapar de sus cárceles. Previo a sus actuaciones, los miembros del público podían examinar todo el equipamiento para verificar que nada estuviera "trucado". Houdini además fue uno de los pioneros en su uso de los medios del momento: diarios, radio, y técnicas ingeniosas de autopromoción. El "promotor viral" original, Houdini se esforzaba mucho por asegurarse de que cada artefacto asociado con él, ya fuese una fotografía, accesorio, o herramienta, recibiera visibilidad y publicidad amplias. Hoy en día, muchos magos están usando formas más modernas de promoción viral, incluyendo YouTube, Facebook o Twitter, pero su meta es la misma que la de Houdini – aumentar el conocimiento e impacto al alcanzar y comunicarse con una audiencia amplia de fans y seguidores. Esta habilidad para auto-promocionarse es otra forma de arte que los mejores magos tienden a dominar, como veremos en secciones futuras. Además es una habilidad que se enseña, incluso a los magos más jóvenes, ya que el acto mismo de ir a un escenario a presentar un truco exige un conocimiento básico de presentación y promoción.

Los mismos Penn y Teller han desarrollado un vasto repertorio de trucos que se cubren varias categorías. Estos incluyen trucos de cartas, ilusiones de todo tipo, y trucos con artilugios y efectos diseñados especialmente. También son practicantes refinados en la prestidigitación, el engaño y el humor. Penn y Teller se especializan en el género de magia de embaucador; por naturaleza, les gusta romper las reglas y deleitar y sorprender a la audiencia con su audacia, humor oscuro, e ingenio. Se hicieron reconocer como los chicos malos de la magia, al "realizar espectáculos de magia para audiencias a las cuales no les gustaban los espectáculos tradicionales de magia." Esta habilidad para romper con las convenciones mientras intentan constantemente crear géneros nuevos fuera de su zona de familiaridad es un factor clave dentro de su capacidad de innovar mientras se mantienen competitivos en un ámbito saturado. En adición a su proeza mágica, están entre los escépticos más famosos de América, y son ateos declarados. De hecho, basaron un programa de TV completo en este tema (*Penn and Teller: BS*), al cual le fue extremadamente bien y en parte fue responsable por que ellos se enfocaran en la TV como una plataforma principal. Han usado su escepticismo saludable para informar muchos de sus trucos, a menudo resultando en rutinas que son entretenidas y que desafían las convenciones. Políticamente, ambos son liberales, pero tienen una comunidad diversa de amigos y pares con quienes interactúan regularmente. Penn comenzó desempeñándose como un malabarista, mientras que Teller pasó su juventud como un docente. Luego de actuar como un par a principios de los ochenta, Penn y Teller lentamente obtuvieron fama y éxito, en especial después de recibir reseñas estelares por su espectáculo de Broadway.

Entre 1890 y 1929, Chicago fue el epicentro de la magia en América, un tiempo conocido como la era dorada de la magia. Este fue un tiempo en el cual artistas como Housidin, Thurston, y el nativo de Chicago, Harry Blackstone Sr., atrajeron multitudes a casas vodeviles y teatros principales y montaron enormes espectáculos en carpas en tours por todo el país y alrededor del mundo. En 1893, Chicago se volvió el foco de la atención del mundo entero gracias a que presentaron la Exposición Colombina Mundial, también conocida como la Feria Mundial de Chicago. Esto sería un evento cultural y social de influencia que unió a las personas reconocidas del mundo, y puso a Chicago firmemente en el mapa. El espíritu de estos tiempos fue capturado de manera brillante por Erik Larson en su libro, *The Devil in the White City: Murder, Magic, and Madness at the Fair That Changed America* (El Diablo en la Ciudad Blanca: Asesinato, Magia y Locura en la Feria que Cambió a América). Este fue un tiempo próspero para la economía americana, y las actuaciones de magia estaban firmemente establecidas como una forma principal de entretenimiento. Sin embargo, estos tiempos del boom no durarían mucho. Después de la muerte de Houdini en 1926, y la Gran Depresión que ocurrió unos años después, los espectáculos populares en carpas y los tours se detuvieron en los tiempos económicos complicados. Sería necesario el boom industrial posterior a la Segunda Guerra Mundial para traer de vuelta a los artistas de calidad y las audiencias apreciadoras a los espectáculos de magia. Chicago reestableció su foco en el mundo de la magia en el correr de los años cincuenta y sesenta, con un boom en el estilo único de Chicago de la magia de proximidad. En paralelo, Los Ángeles se volvió el centro de las producciones de cine, mientras que Nueva York se volvió el centro de los programas de radio y de los espectáculos Broadway. Sin embargo, para mitades de siglo, hubo otra decaída en la magia como entretenimiento popular. Incluso el famoso director Orson Welles se lamentó de que el ámbito de la magia había caído en una depresión, lejos de su éxito del siglo XIX y principios del XX. Creía que todos los magos habían cedido a usar juegos de la percepción, en lugar de depender de los efectos puramente ópticos y visuales, que los magos virtuosos de las generaciones previas preferían. Él los incitaba a que volvieran a revisar algunas de las técnicas fundamentales detrás de las ilusiones, y que las adaptaran a las épocas modernas. Welles mismo era reconocido por desarrollar varias técnicas innovadoras de cámara y efectos especiales para sus películas, incluyendo *La Guerra de los Mundos* y el *Ciudadano Kane*. Además protagonizó la película Magia Negra, en el rol de Joseph Balsamo, quien de hecho era el alegado charlatán, el Conde Cagliostro, una figura celebrada en su momento. Cagliostro, un mago auto-inventado y un aventurero, estaba asociado con las cortes reales de Europa en su rol como un psíquico, curador y alquimista.

La aceptación de los magos como parte de la cultura popular se sometió a un cambio significativo tras la amplia difusión de la televisión. En los años 1950 y 60, hubo varios entretenedores que aparecieron en la televisión americana, ya fueran cantantes o magos, en especial en plataformas como el Ed Sullivan Show, Merv Griffin, Sonny and Cher, etc. Una dinámica similar estaba ocurriendo en estos tiempos también en el Reino Unido. Esta tendencia continuó durante las siguientes dos décadas, mientras que artistas como Doug Henning, David Copperfield y Penn y Teller comenzaron a obtener más prominencia, en particular durante los setenta y ochenta. Una observación interesante del mago Ryan Hayashi es que una encuesta acerca de los programas populares de TV y películas de antes de mediados de los ochenta, como A-Team, Knight Rider, MacGyver, Airwolf, The Fall Guy, y otros, todos tienen una cosa en común. El personaje principal nunca es el tipo (o chica) inteligente. El 'bufón' siempre era presentado como la persona inteligente, pero estaba tristemente relegado a papeles menores, generalmente como un accesorio de comedia. En contraste, casi todo programa popular de la TV actual celebra a la persona inteligente, ya sea el último episodio de CSI o Criminal Intent, o un mago talentoso en Fool Us. Hayashi cree que los magos ahora son las nuevas celebridades, y como él lo describe, 'lo inteligente ahora es el nuevo sexy'. Finalmente, el cerebro es más importante que el cuerpo, representando un cambio radical en las percepciones sociales. El protagonista central ya no tiene que depender del coraje o las agallas, o el instinto de darle un puñetazo a alguien en la cara, saltar por una ventana, o conducir un auto hacia el vacío. Demuestra simplemente lo que puede hacer su intelecto, sin mucho esplendor y brío, y sigue teniendo un efecto devastador en la audiencia. Para los noventa, la TV era la plataforma principal para todos los artistas de todos los estilos, ya fuesen profesionales o novatos. Esta tendencia ha continuado durante las dos primeras décadas del siglo XXI, también. Con la proliferación de las opciones de medios actuales, el desafío para los artistas novatos es elegir los medios correctos en los cuales aparecer y obtener el descubrimiento por el cual están trabajando. Para los profesionales establecidos, cada alternativa de medios nuevos es una oportunidad de expandirse a otros nichos redituables que pueden no haber notado, así como reforzar su marca y mensaje central a una audiencia más amplia.

En nuestra sociedad contemporánea, las temáticas mágicas son parte de la consciencia popular gracias a la explotación de otro personaje de ficción muy popular, Harry Potter. Mezclando varios géneros, incluyendo los cuentos de hadas, mitos y leyendas, literatura escolar y fantasía en sí, esta serie ha establecido el estándar para traer las ideas mágicas al discurso popular. Los lectores de todos lados están familiarizados con el mundo de los Muggles, a pesar de las diferencias filosóficas generales. Mientras que la serie de Harry Potter ha sido descrita en Inglaterra como demasiado estricta y conservadora, los críticos americanos están sorprendidos por las temáticas liberales y paganas en los trabajos de J.K. Rowling. Sin embargo, esta no es la primera seria en la cual la magia ha sido la inspiración subyacente. Sus predecesores incluyen la serie del Señor de los Anillos de J.R.R.

Tolkien y la serie de Narnia de C.S. Lewis, así como los trabajos de Edith Nesbit y Ursula Le Guin. En los Estados Unidos, el conocido actor y director, Neil Patrick Harris, que también fue Presidente de la Academia de Artes Mágicas, ha debutado una serie exitosa de libros infantiles, The Magic Misfits (Los Inadaptados Mágicos).

Robert-Houdin a David Blaine: Los Pioneros de la Magia Moderna

Una cantidad de magos talentosos han ejercido una influencia descomunal en su profesión y la industria, y también han tenido un gran éxito con el público. Vale la pena mirar sus contribuciones principales, así como las técnicas que utilizaron para obtener seguimiento popular. Esta lista no es para nada exhaustiva, pero proporciona una degustación de la variedad y los abordajes únicos tomados por estos practicantes reconocidos. En particular, mi meta es enfocarme en estos magos que han tenido tanto un impacto significativo en la profesión, y a la vez han disfrutado de un éxito comercial significativo durante un período de tiempo sostenido. Los errores de omisión aquí son enteramente míos, y fue en realidad una tarea difícil el elegir entre las docenas de candidatos para resultar con esta lista estrecha y subjetiva. Además, mientras se leen estos perfiles, es importante recordar lo distintos que eran los contextos sociales, económicos, y culturales durante el apogeo de cada uno de estos artistas, y cómo el uso de la comunicación masiva y la tecnología de la información ha revolucionado por completo el alcance e impacto que tienen los magos actuales.

Considerado el originador del estilo moderno de invocación, Jean Eugène Robert-Houdin fue un pionero que revolucionó la magia, a pesar de su carrera breve como artista que duró solo una década. Nacido en 1805, fue el primero de una larga línea de magos de escenario que emergieron de Europa y que cambiaron la percepción de la magia en la sociedad. La manera que se adentró en la magia fue a través de un completo accidente. De niño, había ahorrado su dinero para comprar un volumen doble de libros acerca de cómo fabricar relojes, u horología. Para su sorpresa, al llegar a casa, descubrió que había terminado con un juego de dos volúmenes completamente distinto, llamado Diversiones Científicas. Curioso, comenzó a leer los libros. Le fascinaron tanto, que terminó aprendiendo los elementos básicos de la magia a través de esos libros, y esta se volvió su obsesión para el resto de la vida. Pronto se unió a un grupo amateur de actuación, donde también pulió sus habilidades teatrales. Habiéndose mudado a París para trabajar en la tienda al por mayor de su padre, a menudo se lo podía encontrar jugueteando con objetos y figuras mecánicas. Una vez más, completamente por accidente, en una de sus caminatas, descubrió una tienda que vendía equipamiento para magia. Un lugar de reuniones para los magos novatos y los aficionados, pronto descubrió una comunidad de pares y patrocinadores que estaban interesados en promover el arte. También conoció a Jules de Rovère, un aristócrata que acuñó el término de prestidigitación, que se usa incluso en la actualidad. Otro cliente de la aristocracia, el Conde de l'Escalopier, le prestó una suma enorme para abrir su propio teatro, el "Théâtre des Soirées Fantastiques", ubicado sobre los jardines del Palais Royal. Vestido en un traje con colas, completo con una corbata blanca y sombrero de copa, Robert Houdin sacó la magia de la calle y la introdujo al teatro y salón, y la volvió digna y sofisticada, una tendencia que continuó durante varias décadas a medida que la magia se volvió parte de un entretenimiento civilizado. Pronto Robert Houdin estaba presentando en teatros, con accesorios y creaciones mecánicas que había diseñado personalmente. Aunque fue lento para despegar, cuando tuvo algo de experiencia en su repertorio, atrajo audiencias más grandes y obtuvo reseñas sólidas.

Entre sus rutinas populares estaban el efecto de Suspensión Etérea y el Maravilloso Naranjo. El primero involucraba una levitación, en la cual su asistente, su hijo Emile, parecía estar suspendido horizontalmente en el aire. El Maravilloso Naranjo era más complicado y dependía de su conocimiento en construcción de electrónica. En la rutina, Robert-Houdin enrollaba un pañuelo tomado de un espectador y lo volvía una pelota, colocándolo al lado de los demás artículos para el truco, un huevo, una naranja, y un limón. Entonces reducía el pañuelo hasta que parecía atravesar e huevo, y de manera similar, reducía el limón hasta que atravesaba el limón, y todos ellos juntos a la naranja. Después, la naranja misma se reducía en sus manos hasta que desaparecía, dejando atrás un fino polvo. Este polvo entonces era mezclado con alcohol y prendido fuego. Después, esta llama se colocaba debajo de un pequeño naranjo lleno de hojas verdes. Mágicamente, el árbol brotaba flores naranjas, que pronto se volvían frutas. La naranja en la cima del árbol se abría, para revelar el pañuelo faltante. Dos mariposas pronto emergían (que eran autómatas mecánicas en realidad) y tomaban el pañuelo, desenrollándolo a medida que volaban por el aire. Una versión aún más elaborada de este truco apareció en la película del 2006, El Ilusionista. En retrospectiva, este fue uno de los primeros trucos que dependía mucho en la tecnología, y en el conocimiento del mago para construir electrónica mecánica elaborada.

Quizás su efecto más famoso fue El Cofre Ligero y Pesado. Comenzaba mostrando un pequeño cofre de madera, y decía que había encontrado una manera de protegerlo. Entonces llamaba a un niño pequeño de la audiencia para que intentara levantar el cofre, quien entonces lo haría fácilmente. Entonces, llamaba a un hombre adulto más grande de la audiencia (cuya fuerza sería aparente para la audiencia) a que intentara repetir la hazaña. El hombre grande descubriría que era imposible levantar el cofre. Este truco ingenioso utilizaba un principio científico que recién estaba surgiendo en ese momento, el descubrimiento de Oersted del electromagnetismo. Separar el cofre de la fuerza atrayente del imán debajo del mismo era demasiado, incluso para el levantador más robusto. Robert-Houdin se retiró de las actuaciones públicas a los 48 años de edad, donde se dedicó su tiempo al estudio de la electricidad. Lo sacó brevemente del retiro el Emperador Luis-Napoleón (Napoleón III) a ayudar a reprimir una rebelión en Argelia. Luego de impresionar a los superiores tribales con sus presentaciones, el último que involucraba atrapar una bala entre sus dientes, pudo hacer que presentaran una oferta de paz y que juraran fidelidad a Francia. Esta probablemente fue la única vez que un invocador fue llamado a intervenir en un conflicto armado, y tuvo un éxito enorme al hacerlo. Su legado continúa en la actualidad a través de sus muchos libros y escrituras, así como un museo nacional ubicado en su antigua casa, el cual es el único museo público en Europa dedicado únicamente a la magia. Su principio fundamental, o sea el éxito de la actuación de magia siendo juzgado únicamente por su capacidad para engañar, sigue hasta la actualidad, y se utiliza como un principio guía para todos los magos. A través de sus escrituras y su carrera artística, legitimó la magia como una profesión y la estableció en el mapa del entretenimiento. En el correr de su carrera, se enorgulleció con su trabajo, tanto como un artista, como un inventor.

Nacido en 1974, Ehrich Weiss fue el artista más exitoso de su generación y posiblemente de todos los tiempos. Lo conocemos como el único e inigualable Harry Houdini. De manera interesante, su pseudónimo fue inspirado en el mago francés, Jean Eugène Robert-Houdin (1805-1871), quien, como ya vimos, recibió crédito de sacar la magia de la calle y como acto secundario, para introducirla a escenarios elegantes en interiores. Houdini, nacido en Budapest en una familia judía, se volvió un entretenedor americano y un nombre familiar. Si bien no era el mago de escenario más impresionante, fue considerado un maestro escapista, parte de un género de magia en la cual fue pionero y que perfeccionó en el correr de su carrera. Conocido también como el Rey de Cartas, y el Rey de las Esposas, atrajo la atención al vodevil en los EEUU. Equipado con una proeza atlética desde la infancia, gravitó hacia actos que requerían resistencia física e ilusiones ingeniosas. Reservado en el circuito de vodevil en el Orpheum en 1899 después de que se notara su acto con las esposas, Houdini pronto estaba actuando por todo el país en las principales casas de vodevil. Su siguiente descubrimiento fue en Londres, donde demostró su habilidad para escapar de las esposas en Scotland Yard. Impresionados por esto, inmediatamente lo reservaron para un espectáculo exitoso que pronto le resultó en ganar trecientos dólares por semana, una pequeña fortuna en esa época. Houdini además era un reconocido desacreditador. Como Presidente de la Sociedad de Magos Americanos, tomaba medidas para exponer a los fraudes y tenía un particular disgusto hacia los espiritistas, incluyendo los psíquicos y médiums. Algunos espiritistas y médiums americanos famosos incluían a Charles Foster, Henry Slade, y los hermanos Davenport, todos quienes obtuvieron la fama durante sus visitas a Inglaterra, donde otros como Florence Cook, Mrs. Marshall, Daniel Home y otros ya habían establecido un campo para la práctica. Los hermanos Davenport, por ejemplo, habían creado métodos elaborados para engañar a sus audiencias, pero fueron expuestos como fraudes durante sus tours, dando lugar a un declive eventual del movimiento espiritista mismo. En su libro, *A Magician Among the Spirits* (Un Mago Entre los Espíritus), Houdini documentó sus esfuerzos por desacreditar a los espiritistas y médiums. Esto dio lugar a una brecha entre él y un contemporáneo famoso de ese período, Sir Arthur Conan Doyle, quien es recordado actualmente principalmente por su serie de libros de Sherlock Holmes. Doyle no le daba mucha creencia a las exposiciones de Houdini, por ser un ferviente creedor del espiritismo. Extrañamente, Doyle creía que Houdini mismo era un médium espiritista, y que tenía el don de las habilidades paranormales. Simplemente estaba usando la desacreditación para sacar a otros médiums competitivos.

Houdini además era un excelente auto-promotor, y se esforzaba enormemente por construir y cementar su reputación. Irónicamente, más adelante en la vida, escribió el libro *The Unmasking of Robert-Houdin* (Desenmascarando a Robert-Houdin), como una reacción enojada a que se rehusara Emile, el hijo de la viuda de Robert-Houdin, a recibirlo de manera favorable en París en 1901. Houdini entonces cambió la primera parte de su nombre a Harry, posiblemente en respeto a Harry Kellar, un mago al cual admiraba, pero más probablemente una versión anglicanizada de su verdadero nombre, Ehri. En la actualidad, si bien Houdini es un nombre reconocido alrededor del mundo, uno de sus contemporáneos más extravagantes, que maravilló a las audiencias con su truco de *Levitación de la Princesa Karnac* (llevado a la fama por Harry Kellar), y fue quizás un mago de escenario más refinado, Howard Thurston, apenas es recordado. Jim Steinmeyer, el reconocido diseñador de efectos especiales e ilusiones, y autor prolífico de varios libros de magia, examina las rivalidades de este período y proporciona un fascinante perfil de Thurston en su libro *The Last Greatest Magician in the World: Howard Thurston versus Houdini & the Battles of the American Wizards* (El Último Gran Mago del Mundo: Howard Thurston versus Houdini y las Batallas de los Magos Americanos). Esto demuestra que el reconocimiento y la fama claramente son volubles, y el éxito en una generación no garantiza que otras en el futuro celebrarán los logros de uno en el mismo nivel. Houdini murió trágicamente a los 52 años. Dando una charla en la Universidad McGill en Montreal el 22 de octubre de 1926, Houdini estaba descansando en un sillón detrás del escenario. Un joven atleta se le acercó y le preguntó si realmente podía soportar puñetazos en el estómago, como había escuchado en la vid. Antes de que Houdini se pudiera preparar, el estudiante comenzó a golpearlo fuertemente y, sin que Houdini lo supiera, le causó una ruptura en el apéndice. Murió poco después, el día de Halloween, el 31 de octubre, por complicaciones de esa herida.

Otro mago y mentor altamente respetado para varios artistas famosos fue el canadiense experto en la magia de proximidad, Dai Vernon. Vernon, nacido en 1894, vivió durante casi un siglo y no solo vio tremendos cambios en el mundo de la magia durante el correr de su vida, hasta su muerte en 1992, sino que además presidió sobre varios de ellos en el mundo de la magia de proximidad. En la tradición de Houdini, David Verner cambió sus nombres, debido a circunstancias curiosas. Adoptó Dai en lugar de David, dado que un diario canadiense una vez escribió mal su nombre (convenientemente, Dai era el nombre galés para David). Después, adoptó Vernon en lugar de Verner, ya que la gente solía confundir su nombre con el de una pareja de patinadores populares del momento. La introducción de Vernon a la magia vino a una edad muy temprana. Introducido a los trucos con cartas a través del libro originalmente titulado *Artifice, Ruse and Subterfuge at the Card Table: A Treatise on the Science and Art of Manipulating Cards* (Artificio, Treta y Subterfugio en la Mesa de Cartas: Un Tratado Acerca de la Ciencia y Arte de Manipular Cartas), de S.W. Erdnase, con el cual perfeccionó el uso de cartas miniatura, la maestría de Vernon de la magia de proximidad era igualada por su personalidad llamativa y su capacidad de atraer magos de cualquier lado. Este libro abstruso, luego relanzado como *The Expert at the Card Table* (El Experto en la Mesa de Cartas), se volvió uno de los clásicos de la magia con cartas. El gran mago, Harry Houdini, había insistido que podía descifrar cualquier truco si se lo repetían tres veces. Uno de los primeros logros de Vernon fue engañar a Harry Houdini con su rutina de Carta Ambiciosa, a pesar de repetir el truco siete veces de corrido. Después de ese encuentro exitoso, Vernon se publicitó a sí mismo usando el título de *El Hombre que Engañó a Harry Houdini*. De manera interesante, la clave de su treta era su uso de múltiples métodos para lograr el mismo efecto. Incluso el gran físico y Premio Nóbel, Richard Feynman, descifraba la mayoría de los efectos de magia que se le presentaban tras pensarlos un poco, y quedaba desconcertado con los trucos que usaban múltiples métodos para lograr el mismo efecto. Más que nada, Dai Vernon evoca una gran admiración entre los magos debido a su habilidad para enseñar y hacer de mentor para los aspirantes calificados, que es lo que hizo con gran éxito durante sus días en el Magic Castle. Quizás la descripción más evocadora de su presencia allí viene del mago, Nick Lewin, que dice así:

"Al entrar al Castle, cuando habías pasado por la biblioteca que se deslizaba, la primera cosa que la mayoría de los magos hacían era dar vuelta la mirada hacia la izquierda para ver si Dai Vernon estaba en su asiento regular en el pequeño sillón frente a la Galería de Proximidad. La mayoría de las noches se lo encontraba con una audiencia allí, con un cigarro en una mano, un mazo de cartas en la otra, y una copita de brandy en la mesa delante suyo. Sentados alrededor del "El Profesor" habría una multitud de los mejores actuales Jóvenes Turcos, prendidos a cada palabra que decía. Esperaban a que él casualmente impartiera las "movidas" y gemas del manejo de cartas en persona, que habían escapado de ser inmortalizadas en su trabajo escrito. Rara vez se decepcionaban."

Vernon fue un artista novato hasta que tuvo más de cuarenta años de edad. Vernon logró su reputación gracias a su experiencia con y contribuciones a la magia de proximidad, especialmente con objetos como cartas y monedas. Descubrió y perfeccionó muchos de sus trucos de cartas después de viajar de manera extensa por el país, en un intento por descubrir y documentar las técnicas utilizadas por los artistas de la prestidigitación y los trucos de cartas. En ese sentido, era tanto un conocedor e historiador de la magia de proximidad. Además fue el originador de la rutina estándar de "vasos y pelotas", que es una actividad común de la mayoría de los magos de proximidad actuales. Aunque Vernon rara vez mantuvo un trabajo estable durante la mayoría de su juventud, terminó pasando sus últimos treinta años como el Mago-Residente y atracción principal en The Magic Castle en Los Ángeles, donde fue mentor de algunos magos importantes, incluyendo a Doug Henning y Ricky Jay, entre otros. Escribió una serie de libros que se consideran el estándar dorado para los magos de proximidad, incluyendo *Dai Vernon's Book of Magic* (El Libro de Magia de Dai Vernon), y *Inner Secrets of Card Magic* (Secretos Internos de la Magia con Cartas). Durante su carrera, fue pionero de varios efectos de cartas, incluyendo Cortar los Ases, Torcer los Ases, Jumping Jacks, Los Viajeros, Estrellas de Magia, y muchos más. Estos son parte del itinerario estándar de cualquier mago de cartas que se respete en la actualidad. Después de su muerte en 1992, sus cenizas fueron enterradas en el Magic Castle, su residencia y hogar durante más tiempo.

Sería negligente no mencionar a uno de los ilustrados estudiantes de Vernon, Ricky Jay, quien, si bien no fue un gran entretenedor de espectáculos, tuvo una enorme influencia sobre los magos que estaban interesados en la magia de proximidad, así como fue uno de los historiadores y recolectores prolíficos con más conocimiento del mundo de la magia. Jay, quien falleció recientemente en noviembre del 2018, era un talentoso mago prestidigitador, un autor realizado, una fuente de conocimientos y arcana de magia, así como un actor realizado, con una filmografía extensa y apariciones exitosas en la TV, Broadway, y películas taquilleras de Hollywood. Jay apareció en varias películas de Hollywood como Mañana Nunca Muere, Noches de Boogie y programas de TV como los Archivos X y Deadwood. Durante el correr de su vida, Jay fue irremediablemente adicto a acumular una colección ecléctica de artefactos de magia y vodevil, incluyendo libros y manuscritos raros, arte, accesorios, y a menudo se encontraba apretado económicamente mientras soportaba sus hábitos de coleccionista. En un perfil fascinante de Ricky Jay en el New Yorker, Mark Singer revela el rango y la diversidad de su talento, así como su peculiar y carismática personalidad. Uno de sus actos más reconocidos era demostrar el uso de cartas de juego como proyectiles, las cuales apuntaba a su objetivo de escenario favorito, una sandía. Tuvo el récord Guinness por lanzamiento de cartas en 1976, habiendo tirado una carta 190 pies, a una velocidad de 90 millas por hora (el récord actual es de 2016 pies). Además escribió un libro satírico basado en esta habilidad arcana, apropiadamente titulado 'Cartas como Armas'. Su firma de consultoría, Deceptive Practices (Prácticas Engañosas), daba consejos frecuentes a los productores y directores de Hollywood, en especial cuando se trataba de diseñar accesorios o ilusiones extrañas que serían usadas en películas. Fue un asesor para películas reconocidas como Ocean's Thirteen, The Illusionist, The Prestige y Mission: Impossible–Rogue Nation. Un documental acerca de su vida, "Deceptive Practice: The Mysteries and Mentors of Ricky Jay" (Práctica Engañosa: Los Misterios y Mentores de Ricky Jay), les ofrece a los espectadores una visión acerca de este creativo 'mago de magos', incluyendo sus muchos mentores e influencias, como ser Dai Vernon, Charlie Miller, Al Flosso, Cardini, Slydini, Francis Carlyle, y su propio abuelo, Max Katz.su libro acerca del artista alemán, Matthias Buchinger se considera un clásico y un artículo de colección que actualmente es difícil de encontrar. Su curioso título dice - –'Matthias Buchinger "The Greatest German Living": By Ricky Jay Whose Peregrinations in Search of the "Little Man of Nuremberg" are Herein Revealed' (Matthias Buchinger "El Mejor Alemán que Vive": de Ricky Jay Cuyas Peregrinaciones en Busca del "Hombre Pequeño de Nuremberg" se Revelan Aquí). Buchinger (1674-1740), un mago y calígrafo alemán que nació sin manos ni pies, asombró a sus contemporáneos con sus trucos de magia, presentaciones que demostraban su destreza física, su talento en la micrografía, y su capacidad de inventar y tocar varios instrumentos musicales. Y, como a Jay le gustaba recordarle a sus audiencias, tenía cuatro esposas y fue padre de catorce hijos. Probablemente esté en lo más alto de la lista de individuos extraños y únicos que Ricky Jay estudió y documentó en el correr de su vida. En el 2016, el Museo Metropolitano de Nueva York tuvo un espectáculo conmemorativo que presntó los dibujos de Buchinger de la colección de Jay llamada *Wordplay: Matthias Buchinger's Drawings from the Collection of Ricky Jay* (Juego de Palbras: los Dibujos de Matthias Buchinger de la Colección de Ricky Jay.

Autorretrato de Matthias Buchinger (Este dibujo es tan intrínseco que cuando se examina bajo un microscopio, los rizos de su cabello revelan siete salmos bíblicos inscriptos, y el Padre Nuestro. Y fue elaborado por un artista que nació sin brazos ni piernas.)

El siguiente mago de nuestra lista, Doug Henning, recibe crédito por haber creado algunas de las ilusiones más famosas y populares de la magia. Un artista prolífero en los 70 y principios de los 80, Henning creó su marca en Broadway y apareció de manera extensa en la televisión. Tenía la habilidad de sorprender a las audiencias con ilusiones que nunca antes habían sido vistas: asistentes que desaparecían, trucos de levitación, y escapes imposibles. Combinaba esto con un estilo de presentación ligero y colorido. Su versión de la "Metamorfosis" es un acto icónico. Una ilusión inspirada por su ídolo, Harry Houdini, el acto es tanto simple, como sorprendente. Después de ser esposada y atada dentro de una bolsa, su asistente era colocada dentro de un cofre que se cierra con un candado. Henning entonces se para sobre el cofre y cuenta hasta teres. Cuando quieres acordar, han intercambiado los lugares, y su asistente ahora está sobre el cofre, mientras Henning está

51

dentro del mismo, esposado y trancado. Henning realizaba este acto mucho más rápido que su ídolo, Houdini. Además revivió la ilusión de Houdini de la Tortura Acuática China, para la cual tuvo que prepararse durante casi siete meses. La NBC firmó con él, y el primer especial de Henning del World of Magic (Mundo de la Magia) se estrenó el 26 de diciembre de 1975. En el programa, Henning realizó de manera exitosa la ilusión de tortura acuática, aunque no rompió el tiempo récord de Houdini. Su musical de Magic Show recibe crédito por introducir a una era dorada de la magia, al tomar rutinas tradicionales y llevarlas al ámbito de los medios masivos y el entretenimiento. La magia había entrado en un tiempo en el cual el espectáculo era venerado y el valor del entretenimiento era muy bien recompensado. Terminó realizando la Ilusión de la Tortura Acuática China en el correr de su carrera. Originalmente debutado en 1913, en este acto, tenía que escapar de un gabinete trancado de acero y vidrio mientras se encontraba suspendido de cabeza, y teniendo que aguantar la respiración durante más de tres minutos. Los trucos populares como la 'Metamorfosis' han sido adaptados y mejorados por otros magos. El equipo de marido-mujer de los Pendragons lo realizaron con gran capacidad y se volvió su espectáculo característico; más recientemente, artistas como Criss Angel, y el mago francés, Frederic Clement han realizado algunas de las versiones más rápidas conocidas.

Henning recibe crédito por haber revivido la industria de la magia, la cual estaba enfrentando un ligero declive en los setenta. Su contribución principal fue el cambiar los espectáculos mágicos del abordaje tradicional y pomposo de traje con corbatín, a un estilo libre de rock & roll, e incorporando música, comedia y arte en la presentación. Pronto se ganó un premio Tony por un espectáculo de Broadway a largo plazo llamado *The Magic Show* (El Espectáculo de Magia), el cual debutó en 1974. Durante este tiempo, además se presentó regularmente en el Lago Tahoe y Las Vegas. Vestido con camisetas tie-dye, pantalones vaqueros, y mamelucos llamativos, era una figura colorida sobre y fuera del escenario. Durante los cortes, practicaba meditación y yoga. Frecuentemente lo encontraban en tiendas de magia y librerías por todo el país, donde conversaba casualmente con los fans y autografiaba sus libros. Este era un mago al que le encantaba su oficio con todo su ser. Trágicamente, Henning murió a los 52 de cáncer del hígado, habiendo vivido la misma cantidad de años que Harry Houdini. Así como hacen con Houdini, los magos en todos lados siguen teniéndole una gran admiración por sus avances innovadores y estilo desafiante, y Henning es considerado uno de los verdaderos pioneros de los espectáculos modernos de magia. Henning se dio cuenta de que estaba rompiendo con las convenciones al elegir trabajar en una industria que estaba en un gran declive, y enfrentándose a un futuro incierto. Señaló su predicamento en una cita popular, "Cuando estaba en la universidad, ser un mago no era la cosa más elegante. Era como ser un cantante de folklore antes de Bob Dylan." A principios de los años ochenta, tuvo otro éxito en Broadway con su espectáculo Merlin, el cual ganó otras cinco nominaciones al Tony. También es recordado por la biografía que escribió en conjunto, llamada *Houdini: His Legend and His Magic* (Houdini: Su Leyenda y Su Magia). Hacia el final de su vida, le vendió muchas de sus ilusiones a David Copperfield, y se retiró a su recién descubierto interés en la meditación trascendental.

Lance Burton fue otro mago influyente y comercialmente exitoso que realizó cerca de 15.000 en Las Vegas en el correr de su carrera de 31 años. En el correr de la mayoría de ella, mantuvo un itinerario extenuante de tres espectáculos por día, siete días a la semana. Se volvió el mago más joven y el primer americano en ganar el premio "Grand Prix" en la competencia FISM en Suiza en 1982. En 1996, comenzó a presentar en el teatro Lance Burton diseñado a medida en el Monte Carlo Resort en Las Vegas. Su espectáculo le ganó un estimado de $110 millones y fue calificado como el espectáculo de magia más apto para la familia. Además de su residencia principal en el Monte Carlo Resort, Burton hizo múltiples apariciones en el Tonight Show con Johnny Carson, Jay Leno, y Craig Ferguson; y varias apariciones en especiales y series de TV. En 1999, tuvo un escape estrecho mientras realizaba una ilusión para un especial "Ultra Secreto" que estaba filmando. Como parte del acto, aparentaba escapar justo a a tiempo del camino del "The Desperado", una de las montañas rusas más rápidas y altas en los Estados Unidos. Ubicada en el Buffalo Bill's Hotel and Casino en Primm, Nevada, el Desperado es una híper montaña rusa que hace alarde de una caída de 225 pies, en un descenso de 55 grados en la primera subida, seguido por una caída de

155 pies en la segunda. La segunda caída está calificada como 4G, más alto que el 3.5G que los astronautas sienten en el despegue. En su aparición en TV, Burton calculó mal la velocidad de la montaña rusa y evitó una colisión segura con menos de una décima de segundo de sobra. Este escape sigue siendo debatido entre los miembros del Magic Cafe, un foro en línea que reúne a los magos y los entusiastas de la magia, algunos atribuyéndolo a una edición habilidosa de TV. Reconocido por su persistencia y tenacidad, Burton constantemente probaba la efectividad de sus presentaciones al evaluar la respuesta de la audiencia a cada rutina. Su filosofía operativa era que cualquier mago aspirante podía mejorar de manera continua su arte a través de la práctica repetida, formulación de hipótesis, experimentación y evaluación. En realidad, esta lección puede ser aplicada también por cualquier gerente o emprendedor. Burton estableció la barrera para su interpretación mágica en Las Vegas con su tenacidad, persistencia y dedicación a su profesión elegida. Uno de los trucos populares que desarrolló, consiste en una lucha de espadas donde es desafiado por un intruso enmascarado en el escenario. Burton acepta el desafío de la lucha, y se esconde bajo un mantel, donde el oponente lo apuñala. Cuando levanta el mantel, Burton ha desaparecido. El intruso se retira la máscara, y se revela que era Burton. Al retirarse, Burton le dio a Criss Angel permiso para continuar realizando la lucha de espadas.

David Copperfield, el siguiente en la línea de los magos taquilleros, es considerado el mago y entretenedor individual más exitoso en la historia. Desde el 2018, había recaudado en bruto más de $4 mil millones en ventas de entradas, con más de 33 millones de entradas vendidas, y sus espectáculos en el MGM se han vendido en su totalidad durante 13 años de corrido. Adoptó su pseudónimo después de mirar la obra sinónima de Charles Dickens (su nombre de nacimiento era David Seth Kotkin). En el correr de su carrera, se ha especializado en desarrollar y realizar actos espectaculares de alto octanaje. Entre sus hazañas en los exteriores: hacer que la Estatua de la Libertad "desapareciera" y reapareciera, levitar sobre el Gran Cañón, atravesar la Gran Muralla China, y escapar de Alcatraz. Durante sus actuaciones sobre el escenario, su repertorio es variado, con una cantidad de desapariciones, ser cortado a la mitad, y rutinas de levitación. El clímax de estos espectáculos es su rutina de Peter Pan artística y que desafía la gravedad, donde flota y vuela sin esfuerzo por el escenario. Como lo dijo un crítico, "probablemente podría retirarse simplemente al vender sus secretos a las producciones futuras de Peter Pan". Incluso tiene once récords Guinness, incluyendo el de mayor cantidad de entradas vendidas a nivel mundial por un entretenedor individual, y la ilusión más grande realizada. Un factor principal de su longevidad es su legión de fans acérrimos (léase: clientes leales y continuos), muchos de los cuales ahora están trayendo a sus hijos y nietos a sus espectáculos. De manera interesante, las mayores influencias en la vida temprana de Copperfield no fueron magos. En su lugar, admiraba a estrellas como Gene Kelly, Fred Astaire y Frank Sinatra, y estudió el trabajo de directores de cine como Alfred Hitchcock, Orson Welles y Frank Capra. Obviamente, esto tuvo en su estilo de presentación, cuyos cimientos son la narración, coreografía y el teatro. En adición a sus negocios exitosos, Copperfield además es dueño de dos museos dedicados a preservar artefactos de la magia: The International Museum and Library of the Conjuring Arts (El Museo y Biblioteca Internacional de las Artes Ilusionistas), y la Mulholland Library of Conjuring and the Allied Arts (Biblioteca Mulholland de Ilusionismo y las Artes Aliadas). Compró la segunda en 1991, y entre otros objetos, alberga varios accesorios y artefactos históricamente importantes, incluyendo autómata creado por Robert-Houdin, la Cabina de Tortura Acuática de Houdini, y el Cajón de la Metamorfosis, y la ilusión de la Sierra Eléctrica de Orson Welles.

David Blaine ha sido acreditado con el siguiente gran descubrimiento en los espectáculos de magia. Al girar la cámara hacia la audiencia y capturar las reacciones (o el asombro) de la audiencia en detalle, dio vuelta la historia para los espectáculos callejeros y de magia de proximidad. Su especial de TV, *Street Magic* (Magia Callejera), ha sido acreditado por Penn Jillette como "el mejor descubrimiento (en la magia por televisión) de nuestra vida". Utilizando tácticas de guerrilla para realizar trucos de prestidigitación en la calle, se graduó a la magia de proximidad realizada en la compañía de diversidad de celebridades y simpatizantes. Si bien el programa una perspectiva más animosa y de cerca, sigue siendo un programa de TV con sus propios rituales de escenografía, ángulos de cámara y edición. El descubrimiento de Blaine es hacer que el observador sienta que está junto a él mientras realiza los trucos; y la audiencia callejera impromptu en el programa sirve como proxis para los observadores que miren el programa en casa. Los participantes de algunos de estos trucos incluyen un elenco esotérico de personajes: Kanye West, jóvenes que se encuentran en un proyecto de vivienda en el Bronx, Stephen Hawking, Harrison Ford, George W. Bush, y Woody Allen. Blaine no teme realizar los trucos que ponen a prueba los límites de su propia resistencia, o que causen efectos que repugnen a su audiencia, o ambos. En su especial de la ABC, *Beyond Magic* (Más Allá de la Magia), expone su tipo especial de magia de proximidad, ya sea regurgitando ranas vivas en copas de champán que sostienen sus amigos celebridades, Steph Curry, Drake y Dave Chappelle; o comiendo una copa de vino delante de Don Cheadle y Arnold Schwarzenegger. A través de su abordaje pionero, Blaine revolucionó el concepto de la magia de proximidad, llevando la interacción con la audiencia y la captura de las reacciones de la audiencia a un nivel completamente nuevo.

El otro atractivo de Blaine es presentar hazañas públicas de resistencia; de manera interesante, muchas de ellas fueron realizadas a cuadras de la otra en la Ciudad de Nueva York en el correr de una década o más. En su hazaña de 'Enterrado Vivo', ingresó a un tanque de tres toneladas lleno de aguan, con alrededor de 6 pulgadas de espacio para su cabeza. Presentado en el Trump Place en el Upper West Side, se quedó en el tanque por siete días. Más de 75.000 personas fueron testigos de la hazaña durante esa semana. En su siguiente presentación de resistencia, fue 'Congelado en Hielo' en el Times Square, en Manhattan. Encerrado en un enorme bloque de hielo, pasó más de 63 horas (3 días). Finalmente fue retirado después de que el hielo fuere removido con una sierra; los médicos temían que entraría en shock después de una exposición al hielo tan prolongada. Sufrió una contusión cuando saltó hacia un juego de cajas en su siguiente presentación; esto fue después de haber estado parado sobre un pilar de cien pies en el Bryant Park durante 35 horas. Aún más extremo, siguió a Londres en el 2003, donde estuvo suspendido treinta pies en el aire en una caja transparente durante 44 días. Su único sustento durante este tiempo fueron cuatro litros y medio de agua por día. Al final del calvario, había perdido casi una cuarta parte de su peso corporal. Además tuvo que soportar provocaciones como ser molestado con una hamburguesa que pasearon afuera de su caja en un helicóptero a control remoto. Considera que esta fue su mejor hazaña. Uno de sus recuerdos del evento es el sabor dulce del agua cada vez que la bebió durante las primeras cuatro semanas. Esto fue en fuerte contraste con lo que sentía después, cuando las paredes de sus órganos pronto estaban siendo lentamente digeridas, e incluso sentía al agua como sulfúrica. Durante esa hazaña, realmente estuvo presionando los límites y sufrió daño al hígado y los riñones. Su siguiente desafío personal fue romper el récord de sostener la respiración con apnea estática bajo el agua, lo cual no salió bien después de que tuviera que ser retirado a los 7 minutos. Terminó rompiendo el récord por aguantar la respiración el tiempo suficiente (con una previa asistencia con oxígeno). Blaine entonces se armó un nicho en este espacio a través de sus actos audaces y que desafiaban la muerte. Como Houdini antes, Blaine también es un maestro de la auto-promoción. Incluso antes de la fecha de inicio de muchos de sus trucos, se conoce que Blaine hace un esfuerzo extraordinario por generar publicidad previa al lanzamiento, en algunos casos, incluso un año antes. En la fecha de lanzamiento, convierte sus trucos en espectáculos, con cobertura continua de los medios, informes en vivo y ahora, una presencia significativa en las redes sociales. Durante y después de sus hazañas, logra mantener una presencia continua en los medios, a través de entrevistas, historias y cobertura planificada de la prensa. En efecto, los escolares de los medios contienden que a través de la preparación, ejecución y discusión después de la hazaña, Blaine está manipulando el miedo de la audiencia cautivada, poniéndola en exposición, y así proporcionando un valioso ejercicio terapéutico a través de su presentación. El medio de la TV de reality le agrega un sentido de espontaneidad y abre la posibilidad de lo inesperado. Por lo tanto podría ser etiquetado un 'Chamán de TV' de la actualidad. Contrario a las presentaciones tradicionales en las cuales el mago es el único que habla y la audiencia observa en silencio, Blaine, en muchas de sus hazañas, está completamente en silencio, inmóvil y vulnerable, mientras que la audiencia absorta abierta y ruidosamente expresa sus temores, inseguridades, dudas, y opiniones acerca de lo que están mirando. En su magia de cerca basada fuertemente en la interacción y reacción de la audiencia, Blaine depende de desencadenar el asombro y la repulsión tanto como la prestidigitación para trabajar. En una aparición reciente en Jimmy Fallon, Blaine pudo sorprender a la audiencia después de primero hacer que le cosieran la boca con hilo y aguja. Fallon tuvo el privilegio de atar las puntas del hilo alrededor de sus labios perforados. La actriz Priyanka Chopra, quien antes había seleccionado una carta, también quedó sorprendida cuando se abrieron sus labios. Allí, él no solo reveló la carta correcta y, pero para sorpresa de la audiencia – una rana viva que escupió en un vaso de agua. Blaine ha repetido este truco en otros ámbitos, y rara vez falla en provocar una genuina sorpresa, asombro y asco de parte de su audiencia. En ese sentido, Blaine puede ser considerado uno de los "shock jock" de la magia contemporánea.

En paralelo con David Blaine, otro artista que se creó un nicho utilizando trucos callejeros usando transeúntes (reales o escenificados), uniones innovadoras de video y efectos especiales extremos, es Criss Angel. Logrando su fama (y algunos dirían su notoriedad) a través de su serie de TV, Mindfreak, que transmitida del 2005 al 2010, ha producido y protagonizado numerosos espectáculos de la Franja de Las Vegas. Su personaje de estrella del rock es más que solo un acto, ya que antes era el cantante principal de su banda industrial, Angeldust, y ha producido cinco álbumes entre 1998 y 2003. Su programa de TV es conocido por su calidad casera con estética corta de luces, pero Angel está completamente consciente y en control de cada ángulo y efecto utilizado. Criss Angel realiza su programa característico Mindfreak! en Planet Hollywood en Las Vegas, y anteriormente ha protagonizado en programas que rompieron récords como *Criss Angel BeLIEve*, así como *Magicjam* y *Mindfreak LIVE!*. Dependiendo de efectos especiales que incluyen pirotecnia, lásers y explosiones, su programa tiene la intención de entretener a una escala dramática, complementando su personaje provocativo y ocasionalmente oscuro. Como Blaine, Angel también ha perseguido hazañas de resistencia extrema y tiene el récord mundial de mayor tiempo sumergido bajo agua y la mayor cantidad de tiempo suspendido, cronometrada en 5 horas y 42 minutos, entre otros. Además realizó la ilusión de l Metamorfosis en el menor tiempo registrado, en menos de un segundo. En el 2010, obtuvo el récord Guinness por hacer que 100 personas 'desaparecieran' en una ilusión en el Luxor en Las Vegas. Angel, además es un adicto al trabajo y perfeccionista autoproclamado. Pasa rutinariamente hasta 18 horas al día trabajando y cree que eso es necesario ahora que es un artista de renombre. Uno de sus derechos a la fama es que ha sido presentado en la TV de horario estelar más que todos los demás magos principales combinados. Esto incluye la lista formidable de Houdini, Copperfield, Siegfried y Roy, Doug Henning y Penn y Teller. Se ve a sí mismo primero como un artista, y uno que realiza la magia e ilusiones con la intención de provocar emociones en la audiencia. Ha utilizado esa habilidad a efecto particular cuando se trata de convencer a las audiencias por TV y explotar las ventajas del medio para traer el asombro a nuestras salas de estar.

Uno de los magos más influyentes de la actualidad es Johnny Thomspon, universalmente reconocido como una gran influencia en el campo de la magia del espectáculo, en sus roles variados como un artista virtuoso, educador, asesor, y mentor. En este último rol, ha servido de mentor para los mejores magos incluyendo a Penn y Teller, Criss Angel, Mat Franco y Lance Burton. John Thompson, nativo de Chicago, comenzó su carrera en el entretenimiento tocando la armónica en el grupo Harmonicats en 1951, y después fue pionero en su propio tipo de magia de comedia. Inspirado por una película que vio en 1942-1943 acerca de un apostador de barcos del Mississippi, fue tentado a seguir una carrera como repartidor de cartas, pero terminó realizando magia de cerca. Con su esposa y asistente, Pamela Hayes, apareció en el rol del Gran Tomsoni, un acto de magia de payasadas que protagoniza a Thompson como un bien dotado pero burbujeante mago que habla con un acento polaco pesado, mientras que su asistente indiferente, Pam, apenas colabora durante las rutinas. Taylor Martin, un coproductor del Festival de Magia Invernal de Indianápolis, ha llamado a Thompson el mejor mago del mundo. Esto es un título bien merecido, dado que la carrera de Thompson ha cubierto todo desde ilusiones, mentalismo, magia de bar, y magia de palomas y seda, hasta trabajar con algunos de los mejores magos del mundo como un asesor. De hecho, se considera un "Practicante General" de la magia. En su rol como asesor, sirve como el árbitro tras escenas en *Penn and Teller: Fool Us*. En su honor, Penn y Teller realizaron su versión del Gran Tomsoni y Compañía, en su programa, con Teller apareciendo como Tomsoni. Jamy Ian Swiss, el autor de una colección respetada de ensayos acerca del arte de la magia, titulada *Shattering Illusions*,

Devious Standards (Rompiendo Ilusiones, Estándares Sinuosos) y *Preserving Mystery* (Preservando el Misterio), ha producido un juego de dos volúmenes de título *The Magic of Johnny Thompson* (La Magia de Johnny Thomspon), que cubre el rango completo de los trucos de Thompson en detalle. Este juego de edición limitada además llevaba las firmas originales de tanto John Thompson y el Gran Tomsoni. Thomspon además es un elemento en la escenografía de la magia en Las Vegas, habiendo trabajado allí durante varias décadas, y estando a l vanguardia de varios actos desde su concepción hasta su eventual éxito. Swiss, un reconocido historiador y mago, considera a Cardini y Channing Pollock como dos de los magos más influyentes del siglo XX. Cardini se especializó en trucos de prestidigitación y fue una gran influencia para muchos magos que siguieron su camino, incluyendo a Ricky Jay, entre otros. Pollock fue un entretenedor carismático así como un ex profesor en la Universidad de California, Berkeley, donde enseñaba sobre el arte del engaño. Como Thompson, dejaron atrás un generoso legado a través de sus innovaciones y enseñanzas.

Es realmente difícil comparar o clasificar a los magos de eras distintas, y especialmente sin medidas objetivas, o tomando en cuenta las tendencias prevalecientes del mercado. Entre los magos más nuevos que están compitiendo para dejar su marca en este augusto panteón, están nombres como Dynamo, Derren Brown, Shin Lim (quien actúa con los Illusionists), y Ryan Hayashi. Dynamo y Brown en particular están bien establecidos, tanto en el Reino Unido, como en Las Vegas, y ya están entre los más exitosos en términos de sus ganancias en sus carreras. Discutiremos algunos de sus logros recientes y examinaremos el potencial de su éxito comercial sostenido y a gran escala en secciones futuras.

Desorientación, Prestidigitación y el vínculo con la Neurociencia

"Los neurocientíficos son novatos en el engaño. Los magos han hecho pruebas controladas en la percepción humana por miles de años."
—Teller

"La magia es una forma de arte en la que mientes y les dices a las personas que estás mintiedno."

—Teller

Si bien los magos y neurocientíficos están interesados en el funcionamiento del cerebro, sus abordajes son distintos: mientras que los primeros están interesados en engañar al cerebro explotando sus taras, los segundos están preocupados por seguir y entender al cerebro mientras procesa información, y hace inferencias o decisiones críticas, intentando así entender este maravilloso y complejo órgano. Aún no está claro quién tiene la delantera aquí en términos de entender el cerebro, dado que los magos vienen haciéndolo por siglos. Está claro que los magos son expertos en las ilusiones de todo tipo a través de estos años de experimentación, y esto incluye ilusiones que no han sido analizadas o entendidas por la ciencia. Considera una de las rutinas de John Thompson, en la cual promete cambiarle el vestido a una mujer de blanco a rojo. Prende una única luz roja, como broma, pero cuando la luz vuelve a ser blanca, la mujer está usando un vestido rojo. Thompson depende de una serie de manipulaciones sutiles para ocultar la ilusión. Primero, la mujer está usando un vestido muy ajustado, sugiriendo que no podría estar usando algo debajo de él. Segundo, la mujer es atractiva, lo cual hace que los ojos se enfoquen en ella, en lugar del piso del escenario, y acostumbra a los ojos de la audiencia a la luz del escenario. Cuando la luz se atenúa y aumenta de nuevo en blanco, la audiencia no puede ver que el vestido es arrancado con cables invisibles. Además, el hecho de que el truco real se realiza solo cuando la audiencia cree que ha terminado, los engaña para que bajen la guardia. Este ejemplo clásico de una ilusión cognitiva depende del concepto de "desorientación", que es divergir la atención de la audiencia de un elemento de un truco hacia otro elemento poco importante. La desorientación tiene dos formas, visible e invisible, y dos dimensione, espacio y tiempo. La desorientación tiene su base cognitiva en la ceguera por falta de atención (no notar un objeto a simple vista) y ceguera al cambio (no notar que algo ha cambiado). La manipulación de la atención se puede desglosar aún más, en dos categorías, control de la atención de arriba hacia abajo y de abajo hacia arriba. En el control de arriba hacia abajo, el mago dirige a espectador a que mire algo, mientras que en el control de abajo hacia arriba, la atención del espectador cambia a su propia voluntad. Esto es complementado por el uso de lenguaje corporal o humor para crear una desorientación social, así como formas de ilusiones de la memoria que permiten que el artista implante recuerdos falsos o alterados en los espectadores. Además pueden emplear correlaciones ilusorias que convencen a la audiencia que existe una relación de causa y efecto, cuando no.

Las técnicas como la desorientación y la manipulación de la atención, usadas comúnmente por magos por un largo período de tiempo, ahora están siendo estudiadas de cerca por los neurocientíficos para entender cómo el cerebro construye una realidad subjetiva basada en información imperfecta. Los científicos, como los magos, hace tiempo saben que el cerebro procesa tan poca información como sea posible, pero hace inferencias basadas en suposiciones previas. El físico alemán Hermann von Helmholtz, inventor del oftalmoscopio, y el pre-eminente experto de su tiempo en la fisiología y la óptica, argumentó hace más de cien años atrás, que el ojo es un pésimo recolector de información. Para poder compensar, el cerebro interfiere para hacer inferencias inconscientes de lo que vemos a nuestro alrededor. Previos investigadores de ilusiones creían que las ilusiones eran fallas críticas de los procesos cerebrales. En su lugar, son en realidad un derivado de atajos eficientes de procesamiento que nuestro cerebro utiliza para analizar un escenario rápidamente. Gran parte de nuestra percepción del mundo no es acertada, pero sirve su propósito de mantenernos vivos. Así, tomamos muchas decisiones basados en interpretaciones subjetivas en lugar de hechos objetivos, y los magos utilizan esto habilidosamente para su favor, usando técnicas como la desorientación. La audiencia por lo tanto ve una cosa, pero están internalizándolo como lo que el mago quiere que interpreten subjetivamente. Un buen ejemplo de esto es el truco del Sueño de Miser realizado a gran efecto por Teller, y parte del repertorio de la mayoría de los magos de salón. Además es una fácil de realizar con algo de práctica y una excelente manera de entretener niños. Teller aparentemente atrapa monedas una tras otra de la nada, las cuales entonces procede a volcar en una cubeta de metal. Cada vez que cae una moneda adentro, escuchamos un satisfactorio golpe, y el cerebro interpreta esto como la realidad (moneda salida de la nada y volcada dentro de la cubeta). Lo que la audiencia no conoce es que es la misma moneda la que está atrapando cada vez, mientras que su otra mano está soltando monedas previamente escondidas dentro de la cubeta, en perfecta sincronía. Todo lo que Teller tiene que hacer es asegurar que atrapa la moneda original mientras estamos siendo desorientados, y producirla mágicamente tantas veces como quiera. Otras versiones entretenidas de este truco incluyen interpretaciones de Jeff McBride y Al Fosso. En una carta reveladora para un fan y aspirante a mago, Teller describe cómo trabajó en el efecto del Sueño de Miser durante casi ocho años, antes de estar completamente satisfecho. Su consejo para el joven mago fue que evitara divulgar demasiado de la trama general del truco, pero a la vez mantener la audiencia del público. Esto compromete a la audiencia a que intente descubrir lo que está ocurriendo, incluso mientras son alimentados con más información del intérprete. Después de un poco de desorientación y un final falso, se debe ir en una dirección completamente distinta para el gran final. Por supuesto, estas ideas se pueden aplicar para cualquier truco, pero el aporte clave es que un efecto de apariencia sencilla puede tomar tiempo para madurar y ser completamente refinado, incluso en manos de un artista experto.

Los investigadores en psicología, y en neurociencia, están explorando las varias dimensiones de la magia para poder estudiar problemas en la percepción y cognición humana. Tan temprano como en 1984, psicólogos como Binet estaban estudiando a los magos para entender cómo funcionaba realmente la prestidigitación. Binet, reconocido por su desarrollo de las pruebas de coeficiente intelectual, usando la técnica de fotografía de fotograma a fotograma para investigar cómo funcionaban las técnicas de prestidigitación. Según los estándares actuales, esto se consideraría una técnica primitiva de mesura, pero fue suficiente para que Binet determinara algunos de los métodos subyacentes. En el correr de los años, las técnicas como el rastreo ocular han sido utilizadas para entender cómo los sujetos siguen una presentación y cómo su atención es divergida por los magos de manera deliberada. Actualmente, los neurocientíficos están usando herramientas sofisticadas como IRMf para investigar cómo reacciona el cerebro a varios estímulos, usando la desorientación. La IRMf o imagen por resonancia magnética funcional requiere que el sujeto se acueste dentro de un escáner cerebral, mientras observa estímulos proyectados en una pantalla. El escáner registra la actividad cerebral en tiempo real durante este ejercicio, y esto entonces puede ser analizado en busca de patrones, como entender qué partes del cerebro se activan. Richard Gregory, el difunto psicólogo y científico de la percepción británico, tenía una explicación mucho más radical de las ilusiones y cómo eran percibidas. Su visión era que las ilusiones eran instancias en las cuales nuestros sistemas sensoriales se descomponían. Sin embargo, investigadores más recientes como Macknik, et al han argumentado que las ilusiones son el esquema normal de las cosas, en lugar de las excepciones. Son un método con el cual el cerebro toma atajos, proporcionándonos con solo la cantidad mínima de información necesaria para sobrevivir, mientras usa su poder de procesamiento para otras tareas que también requieran atención. El estudio de la cognición y sus limitaciones ha continuado, incluyendo en el importante campo de la economía. El trabajo innovador de Daniel Kahneman expuso de manera deslumbrante la suposición del comportamiento racional en la toma de decisiones en los humanos. La toma de decisiones de los humanos, resultó, estaba dirigida por fallas y emociones tanto como por el pensamiento racional. Cuando se presenta información nueva, nuestros procesos de toma de decisiones y resolución de problemas siguen dos sistemas o caminos complementarios. Este es el modelo famoso de proceso dual propuesto por el economista ganador del Premio Nobel, Kahneman. La primera manera sistémica en la cual abordamos el problema es nuestra dependencia de la intuición y el razonamiento inconsciente, que es completamente automática y no usa la completa capacidad cognitiva del cerebro. La segunda es cuando nuestro poder cerebral entra en acción y seguimos un proceso más analítico para razonar. Este proceso tiende a ser muy controlado y consciente, y tiende a ser más lento y depende más del poder cerebral o los recursos cognitivos. Cuando observamos a un mago habilidoso realizando una rutina complicada, estamos dependiendo principalmente en el primer método de resolución de problemas, el cual es más rápido, pero mucho más propenso al error, y a los sesgos cognitivos. Una razón por la cual fallamos en obtener correctamente la respuesta es que estamos sustituyendo el problema que vimos con uno más simple (pero completamente diferente) para el cual se nos puede ocurrir una respuesta más rápida.

Como Kuhn y otros han propuesto en una aplicación de este concepto en la magia, esto de hecho podría explicar por qué somos engañados tan fácilmente con trucos sencillos de prestidigitación. El truco real que se nos hace es que el mago no nos está dando acceso a nuestras completas capacidades cognitivas para que podamos entender lo que estamos viendo, y así está engañando a nuestro cerebro para que tome la salida fácil.

De manera similar, otro Laureado al Nobel, Herbert Simon, quien elucidó la teoría de la racionalidad limitada, demostró cómo adoptamos un comportamiento satisfactorio cuando se trata de nuestras decisiones, de esta manera dejando de utilizar nuestras capacidades completas para usar la información. Su teoría argumenta que nuestra racionalidad está limitada por la información que poseemos, la cantidad de tiempo disponible para tomar la decisión, y las limitaciones cognitivas de nuestras mentes. Cuando llevamos estas ideas de un comportamiento individual hacia uno grupal, se vuelve fácil de ver que nuestras decisiones pueden ser influenciadas significativamente por artistas que saben cómo manipular los cimientos de nuestra atención y cognición. Para poder obtener más información de este fenómeno, volví a revisar el trabajo de uno de mis colegas que ha examinado esta tendencia de los humanos de buscar explicaciones simples para los eventos y la capacidad de otros (o de eventos externos) de manipular esta visión. Nassim Nicholas Taleb, anteriormente un trader, que ahora se ha vuelto un académico, es conocido por su serie popular de libros, comenzando con *Black Swan: The Impact of the Highly Improbable* (El Cisne Negro: El Impacto de lo Altamente Improbable). En su obra, explica que cuando se nos presenta información nueva y desconocida, ya estamos discapacitados en nuestras capacidades de hacer inferencias correctas. Esto puede ser debido a nuestro rango limitado de experiencia en un área muy estrecha, o una extrapolación errada de nuestras capacidades actuales de resolver problemas en un dominio nuevo. Argumenta que la experiencia estrecha tiene limitaciones severas, ya que a menudo los árboles no nos permiten ver el bosque.

Los magos son artistas de la atención y consciencia y son usuarios ingeniosos de ilusiones tanto visuales, como cognitivas. Las ilusiones cognitivas involucran la atención, memoria e inferencia casual. Los neurocientíficos están intentando adaptar la magia para poder explorar más las funciones cognitivas al estudiar los efectos de técnicas mágicas específicas. Por ejemplo, creen que los trucos de manipulación del centro de atención pueden ayudar a reducir la distracción durante las terapias de Alzheimer. En la magia, divergir la atención se llama "desorientar", y tiene dos formas, visible e invisible. La desorientación visible involucra redirigir la mirada de la audiencia hacia una distracción. La desorientación invisible es sutil y no requiere que una persona redirija su mirada. Dos ejemplos son la ceguera al cambio y la ceguera por falta de atención, las cuales son, respectivamente, cuando una persona no logra comparar recuerdos previos y posteriores a un cambio, y cuando una persona no logra notar un objeto a simple vista, generalmente debido a una preocupación o ilusión. En cualquier caso, la divergencia de la atención de la audiencia tiene que ser lograda, sin importar los medios. Las tres técnicas comunes de desorientación involucran: a. ocupar a una persona con una tarea para mantenerla distraída; b. hacer que la persona se crea que una solución es obvia, haciendo que dejen de buscar la solución real; o c. rehaciendo un truco y cambiando el método, tiempo, o resultado para desviar lo que la gente adivina. En el caso de la desorientación social (usando señales sociales para dirigir la atención, por ejemplo, mirar), estudios recientes han encontrado que el impacto de dicha desorientación en realidad es menor de lo que se pensaba. Pero algunos estudios de seguimiento sugieren que tiene una eficacia variable, basándose en si un espectador ya está engañado o no por un acto. En un experimento interesante, se hizo una comparación entre dos grupos que observaban un truco de "vasos y pelotas" en un video, con una cantidad de parámetros distintos diseñados para probar el impacto de la desorientación social. Los resultados fueron que el engaño estaba correlacionado con las miradas aumentadas a la mirada de la cara, indicadoras de una correlación entre el engaño y la desorientación social. Sin embargo, como hubo varios individuos que no fueron engañados y que miraron la cara del mago, puede aún haber factores como el tipo de atención social, que impactan el potencial de la desorientación social. En una charla en el Simposio de la Magia de la Consciencia llevado a cabo en el 2007, Teller demuestra cómo la intensidad de la intención proyectada por el mago puede ser suficiente para desorientar a la audiencia. Esta atención puede ser transmitida por movimientos físicos, mensajes verbales, o una combinación de los mismos, y los magos experimentados pueden así explotar la desorientación para asumir exitosamente el objetivo real del truco.

En un estudio del truco del cigarrillo que desaparece, los psicólogos descubrieron que no había diferencia si los espectadores estaban mirando cuando el cigarrillo desaparecía. En un estudio de la "ilusión de la pelota que desaparece", los psicólogos encontraron de que después de que se tiraba y atrapaba la pelota un par de veces y después se fingía que se tiraba, los espectadores creían que había desaparecido porque el mago hacía como que seguía la pelota con sus ojos y hacía un movimiento con las manos como que la tiraba y era en lo que los espectadores se enfocaban, en lugar de en si la pelota realmente estaba en el aire. Se encontró que las neuronas que detectan el movimiento y las neuronas que detectan el movimiento implicado son las mismas, explicando por qué la audiencia siente que ve la pelota subir, cuando no lo hizo. Por lo tanto, nuestro cerebro está pintando su propia versión de la realidad, basado en la asimilación rápida de un patrón que ha observado, aunque la información empírica no apoya su conclusión. Es una instancia clásica de extrapolación basada en información extremadamente limitada pero convincente.

En otros trucos cognitivos, los magos continúan con sus trucos con desafíos a la audiencia a que revelen el secreto y "reconstruyan" el truco, y con cada conjetura que se equivoca, la creencia del espectador en el truco se vuelve más concreta (de esta manera creando una disonancia cognitiva). "Informando el movimiento" es el término que se utiliza para describir el enmascarar los movimientos de la prestidigitación como movimientos normales, como comezón, ajustarse los lentes, etc. Además, las suposiciones implícitas son más creíbles que las afirmaciones del artista. Los investigadores de la Universidad Lund en Suecia les dijeron a individuos que eligieran a una mujer atractiva de un juego de fotos y después en secreto las fotos antes de preguntar por qué la mujer elegida era atractiva. La mayoría de los participantes no notaban el cambio y trataban de justificar su elección alterada, así demostrando su "ceguera electiva". Todos somos culpables de defender nuestras elecciones, cuando estamos convencidos de que son las que tomamos (incluso cuando no lo hicimos). El mismo principio está en juego cuando la audiencia no nota el "hombre en el traje de gorila" cuando están cognitivamente enfocados en otra actividad. En un entretenido video disponible en línea, el mago y académico, Richard Wiseman, demuestra un efecto similar cuando cambia el color de fondo de una carta seleccionada por su asistente. Sin embargo, durante el truco, varios otros artículos también han cambiado de color, incluyendo el mantel, sus camisetas, y el fondo. Habiendo sido guiados a mirar las cartas, no notamos estos cambios, sugiriendo que aunque podemos estar mirando algo directamente, igual podemos no estar prestándole atención alguna.

En el carterismo, los ladrones usan dos movimientos de la mano para desorientar la atención de su marca. Los movimientos suaves activan el sistema de rastreo de "búsqueda", que pueden alejar la mirada de un ladrón, mientas que los movimientos erráticos activan el sistema "sacádico", el cual puede reprimir la visión de la marca ya que los ojos se trancan en objetivos nuevos. Adicionalmente, los movimientos curvados son más difíciles de procesar y atraen más atención que los movimientos lineales. "Correlación ilusoria" es el término para cuando un sujeto asocia una relación de causa y efecto entre dos eventos en secuencia (por ejemplo, el efecto del Sueño de Miser, realizado de manera experta por Al Flosso o Teller). Por lo tanto, los carteristas, como los magos, están principalmente explotando los baches de nuestra percepción, en lugar de confiar puramente en la destreza de sus dedos. Apollo Robbins, un carterista de escenario con un profundo conocimiento de la ciencia de la persuasión, demuestra estos efectos con destreza, y sus marcas pronto se separan de todas las posesiones valiosas que lleven encima. Robbins utilizó famosamente sus habilidades en el detalle del Servicio Secreto del Ex Presidente de los EEUU, Jimmy Carter, en el 2001, y les removió sus insignias, el itinerario de Carter, un reloj, así como las llaves a la caravana presidencial. Robbins terminó siendo abordado por el Departamento de Defensa para consultarle acerca de las aplicaciones militares del carterismo, influencia comportamental, y juegos de engaño. Durante un tiempo, el Departamento de Defensa consideró establecer un centro de investigación y entrenamiento en la Universidad de Yale, y apuntar a Robbins como un profesor adjunto allí, pero esta iniciativa no llegó a cumplirse. Afortunadamente, Robbins limita sus demostraciones al escenario, y fastidiosamente les devuelve todas las posesiones a sus víctimas, incluso mientras quedan boquiabiertos de la sorpresa. Como escribe el autor Adam Green en un perfil fascinante de Robbins en el *New Yorker*, ha refinado estas habilidades con los años, y ha tomado prestado conocimiento de manera liberal de campos como el aikido, la ciencia de la persuasión y el baile de salón latino. La neurocientífica Susana Martínez-Conde, autora del libro *Sleights of Mind* (Juegos de Mente), previamente una investigadora en el Laboratorio de Neurociencia Visual en Arizona y actualmente la directora del Laboratorio de Neurociencia Integradora en la Universidad Estatal de Nueva York, ha estudiado de cerca cómo Robbins puede lograr estos efectos sorprendentes. Los magos e invocadores usan el mismo cuerpo de conocimientos, el cual también pueden emplear en el escenario cuando es necesario. A través de todos estos ejemplos, es claro que el arte de la magia es un recordatorio fuerte e innegable de la debilidad de la cognición humana.

En un artículo que apareció en Nature Reviews–Neuroscience (Investigaciones Naturales – Neurociencia), un rango impresionante de magos incluyendo a Teller, John Thompson, Apollo Robbins, James Randi y Mac King se unieron con los neurocientíficos Stephen Macknik y Susana Martínez-Conde para idear una taxonomía de efectos invocadores, vasados en trabajos previos de Lamont y Wiseman. Estos son los primeros intentos de la literatura científica en intentar organizar los principios por los cuales los magos han operado durante un período largo de tiempo. De acuerdo a los autores, el invocar puede tomar una cantidad de efectos finales mágicos, dependiendo de los métodos utilizados. Se proporciona más abajo una breve descripción de estos efectos, junto con ejemplos ilustrativos. La mayoría de los magos profesionales usan estos en conjunto con la desorientación verbal y generalmente usan una combinación o serie de técnicas para demostrar el mismo efecto, confundiendo así al espectador.

1.   Aparición: El primer tipo de efecto de invocación es la "aparición", donde "un objeto aparece como por arte de magia". Los trucos de aparición emplean tres estrategias: que "el objeto ya estaba allí pero estaba oculto" (como esconder una moneda en la mano antes de fingir que aparece), "el objeto se puso en posición en secreto" (como el truco de los "vasos y pelotas", donde los objetos son insertados debajo de los casos durante el truco), y "el objeto no está allí, pero

parece estarlo" (como un psíquico conjurando a un espíritu al tocar a un espectador). Hay muchos ejemplos de este tipo de efecto, como el mago que saca un conejo de su sombrero, produce cartas de la nada, o hace que una asistente aparezca dentro de una caja vacía.

2.   Desaparición: El segundo tipo de efecto es la "desaparición", donde "un objeto desaparece como por arte de magia". Los trucos de desaparición también emplean tres estrategias estándar. Las posibilidades son de que el objeto nunca estuvo allí desde el principio pero se dio la impresión de que sí, el objeto fue removido en secreto por el mago con el uso de un "artilugio", un dispositivo secreto, para tirar algo hacia su manga, o que el objeto nunca se movió, pero estaba oculto. Un ejemplo de un efecto de desaparición es la desaparición de la Estatua de la Libertad, realizada por David Copperfield, o la desaparición de un elefante, de Houdini. Una desaparición es el reverso del primer efecto, la aparición o producción.

3.   Transposición: El tercer tipo de efecto es la "transposición", donde un objeto parece moverse del punto A al punto B. Las cuatro estrategias para este efecto son que el objeto parecía estar en A, pero ya estaba en el punto B, el objeto sigue en A, pero parece estar en B, el objeto fue movido en secreto de A hasta B, o se usó un objeto duplicado. Un ejemplo de esto es el truco del Hombre Ahorcado de Penn y Teller, donde Penn aparentemente es colgado, pero aparece a salvo en la audiencia. La Metamorfosis es otro truco famoso que utiliza una forma muy rápida de este efecto, y varias variaciones de este se usan por magos en la actualidad.

4.   Restauración: El cuarto tipo de efecto es la "restauración", donde un objeto es destruido, pero después restaurado a su condición original. Las estrategias empleadas en este efecto incluyen: no destruir realmente el objeto, no restaurar realmente el objeto destruido, o usar un truco con un duplicado. Un ejemplo de este efecto sería cortar a una asistente a la mitad (el objeto nunca es realmente destruido).

5.   Penetración: El quinto tipo de efecto es la "penetración", donde un objeto parece atravesar mágicamente otros objetos (este efecto también es conocido como "sólido a través de sólido"). La idea principal de la penetración es mezclar las estrategias de restauración y transposición. Un ejemplo es el truco de los Anillos Chinos Unidos, donde "aros de metal se unen y separan mágicamente". Este efecto

también puede ser logrado con accesorios ingeniosamente construidos, que se reducen o expanden bajo el control del mago. Criss Angel demuestra este efecto cuando su cuerpo parece penetrar un muro sólido o una ventana de vidrio.

6. Transformación: El sexto tipo de efecto es la "transformación", donde un objeto cambia de forma. Las estrategias principales para la transformación son: mezclar la aparición del objeto A con la desaparición del objeto B, o intercambiar en secreto al objeto A con el B, o tener al A disfrazarse como el B o el B como A en medio del truco. Ejemplos de esto serían el truco "Hechizado", donde una moneda aparenta convertirse en distintas monedas por arte de magia, cambiar colores de un pañuelo de seda, o que un gorila en una jaula se convierta en la asistente del mago.

7. Hazañas Extraordinarias: El séptimo efecto es el de "hazañas extraordinarias", que incluyen las hazañas mentales y físicas. La estrategia general para esta clase de efectos es depender de un conocimiento técnico obscuro, como saber que caminar sobre carbón no resultará en heridas por quemaduras. Otros ejemplos incluyen habilidades extraordinarias de cálculos, como multiplicar rápidamente números grandes, y la invulnerabilidad, como el truco de atrapar la bala de Penn y Teller. El mentalismo, si se hace correctamente, puede ser una poderosa forma de acto mágico, ya que puede engañar a la gente a distancia. Esto no se parece a la invocación física, donde la proximidad con el artista puede jugar un rol importante en la capacidad del truco de sorprender o asombrar, y es más difícil discernir los efectos a distancia.

8. Telequinesis: El octavo efecto es la "telequinesis", que incluye la levitación mágica o animación de un objeto. Las estrategias principales para implementar la telequinesis son: tener una fuerza interna o externa que cause la acción (como tener un hilo que tire de algo, o el uso del magnetismo), o hacer que la acción no ocurra en realidad (como en el truco de la cuchara doblada). Los dos ejemplos principales de la telequinesis son la levitación y el doblar cucharas.

9. Percepción Extrasensorial: El noveno y último efecto es la "percepción extrasensorial", como el control de mentes, telepatía y clarividencia. Las estrategias principales empleadas para este efecto son darles a los espectadores la ilusión de elección/libre albedrío al

controlar sus elecciones, buscar información (ya sea leyendo información previamente escrita o sacando información del participante), y revelando pruebas de que la información revelada por el espectador ya era conocida por el artista (quizás esconder la información en un sobre "sellado" que se abre después). Un ejemplo de este efecto sería la clarividencia, que es adquirir información que no es conocida por los demás a través de la percepción extrasensorial. Esto usualmente es demostrado cuando el mago 'predice' exitosamente el resultado de algún evento, basado en su conocimiento especial.

Otro efecto que algunos categorizan por separado, es el de la levitación. La idea básica es que parece desafiar la gravedad, y hacer que algo flote por el aire. Esto ha incluido de todo desde una mesa flotante (prolijamente demostrado por el mago Losander), hasta que flote un asistente (Robert-Houdin hacía que su hijo, Emile, levitara). Para lograr estos efectos de manera exitosa, los magos típicamente siguen un puñado de principios. Primero, "toda acción empleada es un movimiento con un propósito", lo cual significa que las acciones que deben ser ocultadas deben ser explicadas como movimientos triviales, como ajustarse los lentes cuando se oculta algo en la boca, o tocarse el pelo mientras se esconde algo detrás de la oreja. Esto significa que el mago, durante las muchas sesiones de práctica previas a la presentación real, tiene que deconstruir activamente cada paso de su rutina, y prestarle mucha atención a la secuencia y el flujo de las acciones específicas. El segundo principio que tienen que atender con cuidado es el que lidia con la "repetición aparente, preparación y cierre de todas las puertas". Aquí, la meta del mago es repetir una acción o juego de acciones para acostumbrar a un espectador a ver la misma secuencia de pasos, o engañar al espectador para que piense que un truco es realizado de la misma manera antes de cambiar el mecanismo. El tercer principio es "nunca hacer el mismo truco dos veces". La razón para esto es bien directa. Si un truco es repetido con el mismo método, la audiencia puede descubrirlo fácilmente. Al introducir variaciones como la repetición, gesticulaciones o acciones que no estén relacionadas con él, y métodos múltiples, los magos pueden virar exitosamente a su audiencia de las soluciones claras que se están desarrollando, o de los descubrimientos de sus trucos en tiempo real. El uso de estas reglas, en combinación con un conocimiento profundo de las categorías principales de los efectos de invocación es lo que les da a los magos el conjunto de conocimientos y la información práctica para que refinen su presentación.

En una tesis reciente publicada en la Universidad de Oxford, Matthew Tompkins argumenta que los magos deberían de estar recibiendo mucho más crédito por sus descubrimientos innovadores. Su uso exitoso de la desorientación en particular, ha anticipado desarrollos en el campo científico de la psicología experimentar durante cientos de años y; en cambio, el campo de la psicología experimental ha sacado provecho del estudio de los trucos de magia e ilusiones. A pesar del aumentado interés en la magia como un área de estudio científico, los abordajes que han sido sugeridos a la fecha son muy divergentes, y no hay un acuerdo común o conjunto de conocimientos. Mientras que un grupo ha sugerido una psicología generalizada basada en la teoría de la magia, el otro se ha enfocado principalmente en la neurociencia de la magia. Y otro grupo de científicos argumenta que enfocarse en un lado científico de la magia es un esfuerzo en vano. En su lugar, el enfoque debe estar en aspectos limitados y específicos de la magia que puedan adelantar el conocimiento científico: no existe una ciencia de la magia, sino la ciencia misma. Como este grupo es liderado por el eminente escolar en magia, Peter Lamont lo ubica usando una frase mágica, la ciencia de la magia puede solo ser una ilusión, y que deberíamos de dejar de perseguirla. Queda por demostrarse si la ciencia puede clasificar y explicar de manera exitosa todos los detalles de la magia, o utilizar el conocimiento derivado del análisis para entender mejor cómo funciona el cerebro. Por ahora, parece que los magos tienen la vanguardia por sobre los científicos cuando se trata de su entendimiento de los principios básicos utilizados y su capacidad de utilizarlos exitosamente en su práctica. Se han ganado esto a través de pruebas de campo profundas y sistemáticas en un período largo de tiempo, bajo la mirada de audiencias curiosas y observadoras, incluyendo expertos y pares entendidos en el tema.

Capítulo 3: El Efecto Penn y Teller: Desde Comienzos Modestos hasta la Cima del Éxito

"No aprendí a comer fuego para superar mis miedos. Aprendí a comer fuego porque quería desesperadamente estar en el mundo del espectáculo."
—Penn Jillette

"Siempre asumí que pasaría mi vida trabajando felizmente en pequeños teatros pintorescos."
—Teller

El Efecto Penn y Teller

La Fédération Internationale des Sociétés Magiques (Federación Internacional de Sociedades de Magia), comúnmente conocida como FISM, es una institución única en la industria de la magia. Reúne a más de 97 sociedades de magia de alrededor del mundo, y representa a aproximadamente 70.000 magos de 49 países. La FISM conduce una de las reuniones mágicas más prestigiosas del mundo, el trienal "Campeonato Mundial de Magia", la iteración más reciente llevada a cabo en Corea del Sur en el 2018. Se habla mucho en francés y se toma champán, pero ese no es el propósito principal de esta reunión. Los magos vienen a demostrar sus creaciones mágicas más recientes, y obtener el reconocimiento de sus pares. Ganar cualquiera de las categorías de este campeonato es obtener el más alto reconocimiento profesional en la comunidad mágica y dice mucho del talento puro de los mismos ganadores. Las competencias a este nivel son como las Olimpíadas de magia, y ganar el premio Gran Prix de la FISM se considera el mayor honor, y el ganador se une a un grupo realmente de la élite. Los participantes tienen que venir armados con las mejores ideas y las agallas para actuar delante de todos los pares expertos que estarán mirando cada jugada. Además de los más altos honores, los premios Grand Prix en magia de Escenario y De Cerca, se entregan premios en varias categorías, incluyendo manipulación, magia genera, ilusiones, mentalismo, comedia, micromagia, magia con cartas, magia de salón e inventos.

En el 2015, un artista extremadamente talentoso y misterioso apareció por primera vez en *Penn and Teller: Fool Us*. Durante su presentación, hizo un juego de trucos de carta y dejó al público y a Penn y Teller fascinados y sorprendidos con sus habilidades y presentación. Estoy hablando, por supuesto, de Shin Lim. Un artista prodigiosamente talentoso que había ganado el premio del Campeonato Mundial de la FISM en Magia de Cartas De Cerca en la competencia que se llevó a cabo en Italia, Shin Lim ahora se considera el exponente de vanguardia en este tipo de actuación. Tradicionalmente, los magos han dependido de mantener un patrón estable para ayudar con sus actuaciones, por ejemplo, una rutina verbal en paralelo a su manipulación y presentación visual. Los trucos visuales acompañados por un comentario verbal pueden mejorar enormemente el efecto. Sin embargo, Shin Lim es único en el sentido de que prácticamente no depende de comentario alguno para complementar sus rutinas. Shin llegó con su actuación silenciosa después de su experiencia en un tour de 23 ciudades en China. Después de ver su actuación en la FISM en el 2012, un organizador de tours le pidió si podía unirse a este tour. Dada su falta de fluidez en chino, Lim tuvo que reconsiderar su acto drásticamente, el cual hasta entonces dependía de que él hablara con la audiencia. Lim trabajó en su rutina para eliminar todo discurso de su acto, y usando solo sus gestos en sincronización con la música, creó un personaje para sí mismo. Ahora es su estilo característico y lo ha usado en todas sus actuaciones galardonadas. Su familiaridad con la música es una gran ayuda, sin embargo, ya que le ayuda a establecer el ambiente y paso durante sus rutinas, y crea un efecto dramático único que no requiere de diálogo alguno. Lim claramente es un artista tenaz, y tiene que superar otros obstáculos, incluyendo el sufrimiento del síndrome del túnel carpiano, y una herida seria en los tendones de sus pulgares que lo dejaron fuera de escena por unos meses.

El video de la actuación de Shin Lim en *Fool Us* que fue subido a YouTube fue uno de los videos más virales que ha habido, y ha obtenido más de 53 millones de vistas. Siguió y ganó la Temporada 13 de *America's Got Talent*, en un ambiente extremadamente competitivo, y en un programa que solo había tenido magos mediocres hasta ese entonces. Obviamente fue invitado a la Segunda Temporada de Penn and Tller, donde logró engañarlos de nuevo. Jillette considera que Shin Lim está en la vanguardia de una tercera ola de magos. Su actuación contiene elementos de espectáculo, siguiendo las líneas de aquellos popularizados por David Copperfield y Doug Henning, pero además incluye un enorme componente de reacciones o reactividad de la audiencia, una forma que fue perfeccionada por David Blaine. Jillette expresa satisfacción de que la magia esté regresando en algunas maneras a sus rutas, enfatizando la habilidad y el arte por encima del coraje y espectáculo. Como dijo en una entrevista, "Me encanta que la era de Siegfried & Roy, David Copperfield y Doug Henning ha terminado. Me encanta que la era de David Blaine y los clones ha terminado. Me encanta que ahora existe esta era de magia que es pura y honesta y directa y dulce y hermosa." La adhesión de Lim al silencio, su uso de la prestidigitación y a propósito en sincronía perfecta con la música, y el uso estratégico de efectos especiales como que humo emane de la mesa o de su boca, le añaden al elemento del misterio en sus rutinas. Mientras que las rutinas son desempeñadas de manera cuidadosa, sin dejar nada libre al azar, la audiencia es transportada a un ámbito mágico por el espectáculo puramente visual. La parte más interesante de la historia de Shin Lim es cómo llegó a interesarle la magia. Puramente por accidente, su hermano mayor le mostró un video de YouTuve que describía un truco de magia que involucraba una artimaña manual. Shin quedó completamente fascinado y pronto se encontró practicando hasta ocho horas diarias, y aprendiendo de manera voraz a través de YouTube, así como otras fuentes. Bien podría ser el mago autodidacta más importante de la generación de YouTube.

Si bien podrías argumentar que el talento y desempeño refinado de Shin Lim no dependen de una plataforma como el programa de Penn y

Teller, no cabe duda que su aparición recargó enormemente el reconocimiento de su nombre, la cantidad de seguidores, y su eventual éxito comercial. Otros magos que han aparecido en el programa han obtenido resultados similares. En noviembre del 2018, tuve la oportunidad de conversar con Ryan Hayashi. Un artista enormemente enérgico que engañó a Penn y Teller con su versión de un truco con monedas que llama la Suprema Matriz de Monedas (que realizó con cuatro monedas y cuatro cartas), me dijo algo que no esperaba escuchar. Después de su actuación en Penn y Teller, dijo que simplemente ha cambiado de profesión – ahora es un mago. Durante muchos años, Ryan Hayashi ha sido un artista exitoso – pero como el "entretenedor samurái más famoso del mundo". En este rol, ha interpretado en 18 países alrededor del mundo, en 8 idiomas distintos, y también apareció en varios concursos de talento en Europa y Asia, entre ellos, *Germany's Got Talent*, y el *Got Talent* de Checoslovaquia. En muchas de estas presentaciones, Hayashi realizó hazañas increíbles, incluyendo cortar vegetales colocados en las bocas de la gente, con una espada samurái, estando con los ojos vendados. Habiendo crecido idealizando a Bruce Lee y David Copperfield, Hayashi descubrió los paralelismos entre las artes marciales y la magia. Ambas tienen una larga trayectoria y tradición, y requieren de dedicación, práctica, precisión y una rutina o flujo pulido. Hayashi cree que los programas como *America's Got Talent* tradicionalmente no han hecho mucho esfuerzo por reclutar cuidadosamente o buscar a los mejores magos. Pero eso ha cambiado un poco desde el éxito de Mat Franco. Un mago de cartas que fue capaz de impresionar a los jueces con una variedad de trucos de proximidad, Franco ganó el concurso y se volvió el primer mago en lograrlo, en la historia. Sin embargo, con la victoria de Shin Lim en *America's Got Talent*, las cosas realmente han cambiado y está claro que *Got Talent* finalmente entiende a la magia, tanto para complacer a las audiencias, así como un componente importante en la variedad de entretenimiento que ofrece. Esto, combinado con los ratings altos de *Fool Us*, parece sugerir que la magia finalmente ha vuelto a ser parte del entretenimiento popular. La franquicia de *Got Talent* ha sido tan exitosa que, para el 2014, hubo programas derivados en 58 países. Otro programa de talento que está programado para salir en el 2019 intenta superar las críticas de las competencias previas al ampliar tanto el número de géneros de las presentaciones, así como el tamaño, experiencia y diversidad de la banca de los jueces. El 3 de febrero del 2019, después de mostrar el juego del Súper Tazón LIII, la CBS lanzará *The World's Best* (Lo Mejor del Mundo). Presentado por James Corden, presentador de *The Late Late Show with James Corden,* este programa intentará proporcionar otra plataforma de lanzamiento para los artistas de todos los tipos, incluyendo a los magos, para que presenten sus habilidades. Los jueces incluirán a Drew Barrymore, RuPaul Charles y Faith Hill. El programa está diseñado para que los concursantes no solo tengan que ganarse a los jueces, pero además demostrar lo que la CBS llama "la pared del mundo", una montaña rusa de cincuenta jueces elegidos de entre varios campos de experiencia.

Hayashi apareció en *Penn and Teller: Fool Us*, el cual se estrenó el 9 de julio del 2018. Recuerda cómo su aparición inmediatamente se volvió tendencia en Reddit, y dentro de las primeras cuatros semanas, había alcanzado las 5 millones de vistas en YouTube. Su actuación rápidamente se volvió viral. Él cree que la presentación general le llegó emocionalmente a la audiencia. Aunque fue su primera vez en televisión americana, y su primera vez haciendo magia de proximidad pura en TV, no llegó sin preparación. En el pasado, había hecho 11 años de televisión nacional en el horario estelar, una vez en Brasil, dos veces en Japón, así que trajo una cantidad adecuada de experiencia al programa. Pero todas sus apariciones previas fueron para demostrar sus habilidades con la espada; no su magia. La reacción a su aparición en Penn and Teller fue tan abrumadoramente positiva que literalmente ha tomado la decisión de colgar sus espadas y tomar la magia como su vocación. Aunque Hayashi reside en Alemania, sus planes de viaje pronto parecía que involucrarían Norteamérica, ya que lo estaban reservando para espectáculos de magia en medios tradicionales, así como para charlas en el circuito de oradores motivacionales. Siguiendo su aparición, Hayashi tuvo que soportar un extenuante itinerario que involucró presentar 31 espectáculos de corrido en el Magi Castle en Hollywood, en Los Ángeles en noviembre, y seguir hacia Washington D.C. para dar una conferencia de oradores motivacionales como un orador de mentalidades y un coach de éxito, para luego volver a su residencia en Europa. El efecto 'antes y después' aquí realmente fue cambiador. La variación de Hayashi de una rutina clásica, la Suprema Matriz de Monedas, había sido un éxito. Combinada con su manejo fluido y su capacidad de comunicarse muy efectivamente, al ofrecer "el monólogo más épico en la historia de la magia", Hayashi no solo asombró a la audiencia y engañó a Penn y Teller, sino que además cambió la dirección de su carrera y sus futuros prospectos. En la actualidad, Hayashi hace alarde de más de quince mil suscriptores en YouTube, a quienes entretiene periódicamente con videos de sus charlas y actuaciones mágicas alrededor del mundo.

Me gusta pensar en esto como el "efecto Penn y Teller". Para muchos magos, en especial aquellos que no han tenido exposición nacional o internacional, es un foro en el cual sus cinco minutos sobre el escenario literalmente pueden cambiar la trayectoria de sus carreras. Es inmaterial de alguna manera, si el mago engaña a Penn y Teller con su truco, pero definitivamente tienen que ser entretenidos y memorables. Penn ha mencionado en entrevistas que el punto de que ellos intenten revelar los métodos del mago actuante es para mostrarle a la audiencia que no hay trucos de cámara involucrados. Además, Penn y Teller entienden el trabajo dedicado a una técnica, a diferencia de los jueces de realities tradicionales, que no están en el negocio de la magia. La idea detrás del programa es realmente exponer a los magos talentosos que de otra manera no obtendrían reconocimiento. Y Penn y Teller apoyan enormemente a los magos, incluso si no son engañados por sus actuaciones. Los reportes de sus interacciones detrás de cámaras frecuentemente mencionan que son muy alentadores, ofreciendo consejos y sugerencias, y simplemente felices de ver las nuevas caras que han estado atrayendo exitosamente hacia la magia. Más importantemente, todos los artistas están completamente confiados de la capacidad de juzgar de Penn y Teller, y aceptan su juicio sin dudas o conflictos. Este no sería el caso donde cuestionan la competencia o capacidad de los jueces de obtener conocimientos acerca de sus actuaciones. Aunque una aparición en *Fool Us* les da a los magos entre cinco y ocho minutos para completar sus actos, ese tiempo literalmente puede cambiarles la vida, en especial si lograron engañar a Penn y Teller, pero también si fueron capaces de ofrecer una presentación única y memorable. Una cantidad de los artistas que han aparecido en el programa han visto que sus carreras literalmente quedan transformadas por la experiencia. En la siguiente sección, resalto un puñado de tales nombres, en adición a los ya mencionados.

Una de las apariciones más entretenidas en Penn and Teller involucró al mago belga, Jo De Rijck. En su actuación, Alyson Hannigan primero estableció un "vínculo mental" con el compañero aviario de Rijck, un pollo llamado Curry. Alyson entonces recibió un mazo de cartas en el cual tenía que escribir cosas que le gustaría realizar en la vida. Sin embargo, solo una de estas opciones era una real, y las demás eran cosas que sonaban igualmente posibles, pero no eran lo que Alyson realmente quería hacer. Estas cartas entonces fueron colgadas. El pollo entonces caminó de un lado para el otro y finalmente eligió la carta con la elección de Alyson. Tras examinar la carta y probar unas teorías posibles, Penn y Teller no pudieron identificar cómo se hizo el truco. Habían sido engañados por un pollo.

Después del programa, Jo De Rijck estaba explorando un tour en los Estados Unidos. Esto aumentaría sus exposición de sus mercados tradicionales, Bélgica y los Países Bajos, donde hace más de quinientos espectáculos por año. Adicionalmente, también planea hacer más espectáculos en Alemania y Francia, y está practicando tanto su alemán como su francés para ese propósito. Se ha mantenido reservado con respecto a si viaja con el mismo pollo (Curry) o si tiene dobles. Su propia experiencia es que las aves a las cuales no les damos importancia y que frecuentemente terminan sobre un plato en la mesa, en realidad son muy inteligentes. Y como demostró su actuación, también son excelentes compañeras de escenario.

Stuart MacDonald ha estado realizando magia durante toda su vida, y ha sido capaz de hacerlo a pesar de tener un trabajo a tiempo completo como un analista de entrenamiento y desarrollo en Whirlpool Corp. Aprendió una lección de su formación en gerencia, y en particular, de los conceptos de producción ajustada y mejora continua, que aprendió en su trabajo. Porque se le antojó de la nada, decidió emplear estos conceptos en su acto de magia, y pronto estaba haciéndole mejoras continuas y mesurables a su repertorio. Su acto característica, donde busca objetos y eventualmente bolsas de dinero gracias a los poderes multiplicadores de un espejo, fue desarrollado con la ayuda de Gene Anderson, otro reconocido mago, junto con Tobin Ost, un diseñador de producción nominado para un Tony. El efecto es casi como mirar una pieza teatral, y MacDonald envuelve fácilmente al espectador con la historia. Para su actuación en *Penn and Teller: Fool Us*, primero rediseñó el espejo, el cual era la pieza central de su presentación. Se tomó el desafío de actuar y grabar su actuación cien veces en los últimos treinta días antes de su aparición, buscando encontrar una mejora cada día (logró hacerlo 92 veces). Al dedicarle un esfuerzo extraordinario para las mejoras pequeñas, pudo presentar una producción muy refinada cuando llegó el momento de presentarse sobre el gran escenario.

La reacción general del público americano hacia los artistas de magia de primer nivel ha tenido un cambio radical. Como menciona Hayashi, la reputación general, el respeto y el amor hacia la magia es mayor ahora, de lo que fue en el pasado. Esto no solo se le puede atribuir enteramente a *Penn and Teller: Fool Us*, pero después de cinco temporadas con buenos ratings y mostrando más magia de la que el público general había visto en la vida, el programa ha tenido un rol importante. Antes de que se emitiera Fool Us, Hayashi observa, una persona cualquiera nunca había visto mucha magia de calidad. Si tenía suerte, quizás habrían visto algo en los grandes eventos corporativos, o a algún invitado en programas nocturnos como Letterman, The Late Show, o Jimmy Kimmel. Sin ser eso, la única oportunidad habría sido ver el David Blaine Show hace más de 15 años atrás, y ver a David Blaine, o mirar a Criss Angel en su propio programa. En sí, el público general no estaba expuesto a tanta magia, tanto en términos de diversidad o calidad, en especial en persona, o en formatos de video digital de alta calidad. Esto ahora ha cambiado de manera fundamental, y el espectador promedio en casa ahora probablemente ha visto a docenas de magos en sus salas de estar, y encima con una recepción de alta calidad. En cuanto a las generaciones más jóvenes, solo tienen que buscar *Fool Us* en YouTube y en menos de una hora, pueden ver más magia de alta calidad, que los que los miembros de las generaciones previas hayan visto en sus vidas enteras. Claramente, ha habido un aumento definido y fuerte en la cantidad de exposición, y los programas como *Fool Us* y la franquicia de *Got Talent* merecen un poco de crédito por ello. Otra razón para este cambio es que las rutinas de magia se prestan muy bien para el marketing viral y el 'boca en boca', en especial a través de las redes sociales. La mayoría de las rutinas son de cinco minutos en promedio, lo cual las hace una tajada perfecta de entretenimiento para ver y compartir en dispositivos móviles, en especial durante descansos breves. Y la mayoría de los magos han alentado este fenómeno, ya que estos videos cortos son la herramienta promocional ideal, atrayendo el tráfico a sus páginas web y ofertas en línea, y audiencias para sus programas en vivo. Además pueden usar su presencia en las redes sociales como herramientas promocionales vitales, y alertar a sus seguidores para sus presentaciones en vivo, publicaciones, mercancías o apariciones en los medios.

Otro artista que apareció en *Fool Us* en el 2015, Kostya Kimlat, comenzó con la magia en la niñez. Pasó veinte años actuando principalmente para audiencias corporativas (se promociona a sí mismo como el 'mago empresarial'), antes de obtener su primera aparición televisiva en el programa. Kimlat fue recomendado para aparecer en *Fool Us*, por Johnny Thompson, una de las leyendas vivas de la magia. Thompson es considerado uno de los pocos expertos del arte de la magia, y consulta con cada mago popular del negocio. A lo primero, Kostya estaba nervioso por actuar para Penn y Teller, así que leyó todos los libros publicados que tienen y miró todas sus grabaciones. Una preocupación era elegir de la variedad de trucos que Kimlat podría interpretar, pero otra era el formato de reality del programa. Kimlat no es fanático de la televisión de reality tradicional, donde cree que los artistas compiten y son juzgados por gente que no entiende el trabajo invertido en la actuación. Sin embargo, *Fool Us* no es como un programa tradicional, porque los magos en realidad no compiten entre sí, solo intentan engañar a Penn y Teller, quienes no tienen problemas de credibilidad, a diferencia de los jueces de TV de reality. Para su interpretación, Kimlat decidió hacer una pieza original que demostraría su dominio de la magia de proximidad, e involucraría tener a Penn y Teller como participantes y espectadores. Kimlat finalmente optó por un truco clásico que había hecho repetidamente, pero con un giro relativamente desconocido. Meintras practicaba, Kimlat continuó evolucionando la técnica. Finalmente se relajó cuando concluyó que su tarea no era engañar a Penn y Teller, sino simplemente presentar su trabajo lo mejor posible. Realizó el truco de una manera espectacular y es hilarante ver la reacción de Penn al ser engañado.

Después de aparecer en el programa, Kimlat siguió haciendo magia de proximidad con mucha más interacción con la audiencia, e inmediatamente notó que la gente estaba más emocionada por estar alrededor suyo y esperaba más de él por su aparición en *Fool Us*. En lugar de mantener su presentación en silencio como una sorpresa, sus clientes comenzaron a promocionar su aparición para crear un ruido. Ya no era más un mago anónimo que era bueno, sino un mago que "había engañado a Penn y Teller". Kimlat menciona que, si bien este cambio hizo que su trabajo fuera más fácil, también se perdió del desafío de superar a una audiencia escéptica. Aunque no es un nombre reconocido aún, está contento de haber esperado tanto para aparecer en televisión, y aprecia cómo las actuaciones a pequeña escala lo hicieron un artista más enfocado y trabajador.

Joshua Jay, un mago y autor residente de la Ciudad de Nueva York, ha actuado en más de 100 países, y fue galardonado con el premio mayor en el Seminario Mundial de la Magia en 1998. Entre sus otros logros, también tiene un Récord Guinness para Mayor Cantidad de Cartas Seleccionadas encontradas en un minuto, de un mazo barajado. Encontró 21 cartas esa vez. En su aparición en *Fool Us*, logró engañar a Penn y Teller con un truco que involucraba un mazo en blanco. Se sorprendió por haber podido engañarlos, dado su capacidad analítica, pero estuvo contento de haberlo logrado. Después de su aparición, Jay fue contactado por algunas empresas que lo contrataron para espectáculos, gracias a la potencia de esa aparición. Si bien cree que una aparición ayuda con la credibilidad, no todo mago necesariamente puede lucrar de ello. Cita a Piff (el Dragón) y Kostya Kilat, quienes han hecho un buen trabajo construyendo sobre la aparición de maneras concretas. En el 2008, en conjunto con un amigo cercano, Joshua fundó Vanishing Inc., un fabricante y distribuidor de accesorios para magos, así como una tienda de ventas al por menor. Vanishing Inc. se ha vuelto una de las tiendas de magia más grandes del mundo, con operaciones con almacenamiento y envíos a los EEUU y Europa.

Otro artista del entretenimiento, Vinny Grosso, tomó la decisión de realizar su truco completamente desnudo en su primera aparición (cubierto con una pequeña pantalla). Su lema en la magia es "Exposed and Fearless" (Expuesto y Temerario) el cual es también el título de su libro acerca de artistas exitosos. En su segunda aparición, bromeó acerca de que cuando la gente lo ve en público, esperan que esté desnudo y se decepcionan porque no lo está. Estas anécdotas revelan el alcance mágico de *Fool Us*, y la capacidad de Penn y Teller de no solo volverse parte del discurso cultural de maneras inesperadas, sin además como inventores de tendencias y personas de influencia. El hecho de que muchas de estas actuaciones puedan ser consumidas en pequeñas porciones en YouTube y otros medios en línea suma aún más a su encanto e impacto.

His motto in magic is to be "Exposed and Fearless", which also happens to be the title of his book about successful performance artists. In his return appearance, he jokingly remarked that when people see him in public, they expect him to be naked, and are a bit disappointed that he is not. These anecdotes reveal the magical reach of Fool Us, and the ability of Penn and Teller to not just to become part of the cultural discourse in unexpected ways, but also key trend makers and influencers. The fact that many of these performances can be consumed in bite sized portions on YouTube and other online venues further adds to their appeal and impact.

Los Comienzos

Penn Jillette (nacido en 1955) y Raymond Teller (nacido en 1948), mejor conocidos como Penn y Teller, han estado actuando por más de cuarenta años desde que se conocieron en 1975 en el Festival del Renacimiento en Minnesota. En ese momento, Teller enseñaba latín en una escuela preparatoria en Amherst, Massachusetts, y Penn lavaba platos en el Howard Johson's local. De hecho fueron presentados por Weir Chrisemer, y los tres comenzaron a actuar como un trío desde finales de los setenta, hasta principios de los ochentas. Teller además actuaba en fiestas universitarias, y descubrió que podía explotar su naturaleza callada al bajar las luces y realizar actos "inquietantes" en silencio. Y dado que mantenía su silencio, los abucheadores tenían dificultades lidiando con alguien que no les respondía nunca. Antes de conocer a Penn, Teller y su amigo, Weir Chrisemer habían comenzado a actuar como The Othmar Schoeck Society for the Preservation of Weird and Disgusting Music (La Sociedad Othmar Shoeck para la Preservación de Música Extraña y Asquerosa) Cuando Penn se unió al equipo, se llamaron "The Asparagus Valley Cultural Society" (La Sociedad Cultural del Valle de Espárragos) y actuaban para audiencias en Petaluma, California, en el Teatro Phoenix. Chrisemer estaba detrás de una de las rutinas populares de Penn y Teller, Sombras, que involucraba una rosa. Teller aparece en el escenario sosteniendo un brillante cuchillo de trinchar, y parado delante de una rosa en un jarrón. Proyectado detrás de él, en una pantalla blanca, se encuentra la imagen de la imagen del mismo montaje. Entonces procede a cortar las hojas y la flor en la imagen proyectada. Los elementos reales de la rosa en el jarrón caen a la misma vez, como si estuvieran motivadas por lo que ocurre en la pantalla.- aunque Penn no hace una aparición, el efecto es sencillo pero asombrosos, y Sombras pasó a ser una de las interpretaciones más famosas del par, y ha sido llamada uno de los cinco trucos de magia más icónicos de todos los tiempos. Esta rutina característica de Teller después fue sujeto de un juicio legal cuando un mago holandés, Gerard Bakardy subió un video de otra versión de este truco titulado 'La Rosa y su Sombra', donde ofrecía vender su método a $3050. Teller hizo una demanda legal contra Bakardy, alegando competencia injusta e infracción de los derechos de autor, ya que había rechazado toda propuesta de negociación. En una jugada dramática, la corte federal le dio la victoria a Teller, volviéndola la primera vez que fuera enmendada el Acta de Derechos de Autor desde 1976, con la corte decidiendo que un truco de magia es elegible para ser protegido, incluso si solo era presentado como un trabajo dramático.

Especializándose en ilusiones y una interacción fuerte con la audiencia, Penn es quien habla principalmente, y Teller típicamente mantiene un silencio estudiado, a través de la pantomima y gesticulación, según sea necesario. A pesar de las diferencias claras en sus personajes del escenario, Penn extrovertido, gregario, obstinado y desenvuelto, y Teller silencioso, estoico y enormemente misterioso, ambos mantienen un cariño por la irreverencia y el humor alocado, y les encanta darles pistas a la audiencia incluso mientras los desorientan o engañan. Penn and Teller se volvió un acto de magia exitoso al incorporar habilidades populares como el malabarismo o escapismo en una actuación teatral contemporánea y compleja. Sus actuaciones derivan de su deseo de ser distintos, y sus raíces como admiradores secundarios, ya que a menudo satirizan a sus contemporáneos, simplifican sus actos y deconstruyen sus propios trucos. En otras palabras, incluso cuando están actuando, también toman el punto de vista de la audiencia, y a veces se burlan de sí mismos, a menudo dando lugar a fuentes inesperadas de humor y entretenimiento. Durante sus infancias, estuvieron enfocados principalmente en habilidades de variedad y aprendieron trucos simples temprano.

Creciendo con el medio nuevo de difusión del momento, la televisión, Teller vio una necesidad para la realidad, y apreció los elementos más oscuros y la emoción genuina de una buena actuación. Penn, por el otro lado, estaba fuertemente influenciado por la falta de interacción con la audiencia en la televisión (que es el motivo por el cual hace esfuerzos extremos por interactuar), y también disfrutaba del humor oscuro y las historias impulsadas por puntos culminantes como Twilight Zone. Penn fue a la escuela de payasos (sí, existe tal cosa) y pasó a enfocarse en el malabarismo. A medida que mejoraron las habilidades de malabarismo de Penn, se volvió un autoestopista e hizo dinero con su acto de malabarismo y de literalmente pasa el sombrero para ganar dinero. Pronto encontró que estaba volviéndose mejor en atraer audiencias, y su menú de artículos con los cuales hacía malabares se amplió para incluir pelotas y cuchillos, además de hacer algunas de las rutinas con los ojos vendados. Realizaba su acto de malabarismo en el Headhouse Square en Philadelphia, y podía atraer una gran audiencia debido a su altura, voz fuerte y personalidad imponente. Mientras hacía malabares, también hablaba locuazmente acerca de lo que estaba haciendo, casi como si estuviese desasociado de la actuación. A la audiencia claramente le encantaba esto y Penn pronto estuvo atrayendo hasta seiscientos dólares por un acto de doce minutos. Esto era mucha plata en los años setenta. Cuando Penn acudió a su contador y le describió cuánto dinero estaba ganando, el contador dijo que lo iban a multar por venta de drogas. Teller piensa que el acto de doce minutos que hacía Penn en aquellos días era una de las mejores presentaciones que ha hecho. Penn ha continuado se acto de malabares hasta hace poco, y en un episodio reciente de *Fool Us*, mientras hacía malabares con tres botellas rotas, mantuvo su conversación clásica con la audiencia sin perder el ritmo, a pesar de la preocupación obvia en la cara de Alyson Hannigan.

Penn y Teller comenzaron a actuar juntos como un dúo en 1981. Teller desarrolló su personaje característico como el opuesto silencioso e introspectivo de Penn. Durante los espectáculos con Chrisemer, experimentaron con técnicas poco ortodoxas y la participación de la audiencia. Fue aquí que descubrieron que la parodia era una herramienta eficiente para entretener sus audiencias. Por ejemplo, durante el acto de malabarismo de Penn, "Kit Básico", deconstruye el acto y explica todos sus aspectos en parodia mientras lo continúa realizando. Teller hace una parodia de espectáculos tradicionales de magia, llamada el "Truco del Pato". Estos fueron los prototipos para sus actuaciones siguientes. El trío eventualmente se desarmó y las personalidades dominantes (y contrastantes) de Penn y Teller pronto se establecieron como el equipo creativo. Durante un período breve, también se involucraron en un formato de teatro oscuro con el Séance of Horror de la Sra. Lawnsbury. Después de esto, participaron en una serie de actuaciones callejeras por todo el país, mientras desarrollaban material nuevo y rediseñaban sus programas teatrales, y finalmente hicieron la transición a compromisos fuera de Broadway, en la Ciudad de Nueva York en el Westside Arts Theatre.

Un edificio modesto construido en 1890 como una Segunda Iglesia Bautista Alemana, el Westside Theatre está ubicado en el vecindario Hell's Kitchen de Manhattan. Este edificio demostró ser la plataforma de lanzamiento para su éxito nacional y eventualmente global. En una reseña prometedora, Frank Rich, del New York Times dijo que su espectáculo era "una de las infusiones de diversión más originales de la temporada". Dándose cuenta de que sus actuaciones estarían más acordes a los espectáculos en teatros que con los ámbitos más pequeños, Penn y Teller decidieron comenzar a escribir un espectáculo más largo y trabajar en Los Ángeles. Primero se ajustaron a utilizar luces, que era esperado en los teatros profesionales, relegando sus técnicas de apagones para reflejar el ambiente en sus actuaciones más oscuras. Desarrollaron una diferencia entre la fantasía y la realidad, y establecieron la violencia creativa como una temática en sus actos. Además se enfocaron en la desmitificación y deconstrucción, expandiéndolas a la temática general de desenmascarar trucos, los cuales usaban para efectos instructivos dramáticos. La fascinación de Teller con los medios espirituales movió la tendencia de desmitificación hacia la de física para desenmascarar. A medida que creció su presencia teatral, contrataron a Art Woolf, John Lee Beatty y Dennis Parichy como directores y diseñadores. Mantuvieron el estilo de programa secundario mientras adoptaban una apariencia con trajes empresariales para construir una imagen contradictoria. Sus trucos usaban magia al desnudo, al no intentar ocultar lo que se hacía, sino enfocarse en la tensión, las tonalidades oscuras y la narración para entretener. Además satirizaron los actos de magia tradicionales, los cuales les parecían poco originales o débiles. Varias sátiras y trucos, incluyendo el truco de agujas de Teller, conformaron el primer acto, mientras que los segundos actos típicamente eran mucho más oscuros y menos bajados a tierra.

Después de esta fase, cuando Penn y Teller se mudaron a Broadway, removieron todo lo que no estaba explícitamente desarrollado para su espectáculo teatral, como los trucos de carnaval, y se enfocaron únicamente en la magia y sus personajes. Después de Broadway, se expandieron hacia distintas formas de medios, incluyendo el video y la televisión, haciendo apariciones en programas de TV y entrevistas. Pusieron una gran cantidad de énfasis en armar sus espectáculos para ajustarse a su medio, lo cual significaba el tamaño y la ubicación de sus localidades. Además eran pioneros interactuando con su audiencia durante el intermedio y después del espectáculo. Han comentado que su creencia más importante es no insultar o menospreciar a su audiencia, lo cual se ve reflejado en sus estilos explicativos e interactivos. Esto además marcó un cambio significativo de cómo los magos anteriores solían abordar a la audiencia: la expectativa anteriormente era que el mago era el que estaba en el gran pedestal, y debía ser admirado y celebrado. Sin embargo, Penn y Teller demolieron esta noción al mostrarse en el mismo nivel que la audiencia, a través de sus interacciones, al ver las cosas desde el punto de vista de la audiencia, y su capacidad de reírse de sí mismos. Como dijo un escriba, su "prestidigitación nunca tiene la intención de engañar la inteligencia de la audiencia". Este era un abordaje muy distinto al de David Copperfield, por ejemplo, que tiene una figura más icónica, con la audiencia como clara subordinada de su proeza. Este énfasis en la interacción y reacción de la audiencia ha sido llevado a otro nivel por magos como David Blaine y Dynamo, donde es parte integral de su rutina completa.

Expandiendo la Audiencia: Volviéndose Públicos e Incurriendo en la Televisión

En 1985, el dúo debutó en especial de TV en PBS, *Penn and Teller Go Public* (Penn y Teller se Vuelven Públicos), y realizaron una actuación exitosa fuera de Broadway. El programa mismo fue bien recibido y ganó dos Emmys. Pronto se mudaron para Broadway, donde su éxito con el programa continuó. En los 90s, continuaron con sus tours y cruzaron el país varias veces. Además presentaron el segmento actualizado del "Aprendiz de Hechicero" en Fantasia 2000 de Disney. Con los tours continuos y el reconocimiento y la cobertura nacional, incluyendo el circuito de programas nocturnos con Letterman y Leno, SNL y como invitados en Los Simpsons, y otras apariciones en programas como Babylon 5, Sabrina la Bruja Adolescente y The West Wing.

Penn y Teller pronto expandieron su interés continuo en la TV. El formato encajaba muy bien con su estilo, mientras que los especiales y proyectos más largos les daban tiempo para demostrar sus intereses y habilidades, las apariciones más cortas servían como valiosas oportunidades promocionales y medios para conectarse con la audiencia. Entre sus muchos especiales, estaban Sin City Spectacular (Espectacular de Sin City), Don't Try This at Home (No Intentes esto en Casa), Off the Deep End (En el Lado Profundo), y el Magic and Mystery Tour (Tour de Magia y Misterio). El Penn & Teller's Magic and Mystery Tour estaba más en el formato de documental, donde se enfocaban en la magia callejera internacional. A pesar de la calidad baja de los videos de los archivos (para los estándares actuales), igual puedes ver su entusiasmo y asombro al descubrir trucos oscuros y famosos de alrededor del mundo.

Mientras que Teller mantiene su personaje usualmente silencioso, salvo en un episodio en Egipto, Penn claramente disfruta de cada momento y uno puede ver que está completamente cómodo interactuando con artistas callejeros en todos lados. Entre los países visitados se encuentran China (donde Penn hizo malabares con botellas rotas para impresionar a un malabarista chino), India (donde crearon un Truco ilusorio de Cuerda India) y Egipto (protagonizando a los hombres Gali-Gali). En 1994, aparecieron en un programa de TV llamado *The Unpleasant World of Penn and Teller* (El Mundo Desagradable de Penn y Teller), en el Reino Unido. El empuje del programa claramente era combinar la magia con la comedia, en un fragmento para reclamar la magia del entretenimiento ligero que era popular en la TV británica del momento. Mientras que la revelación de algunos trucos de *Unpleasant World* causó consternación entre los miembros del Magic Circle, el programa anduvo muy bien con la demografía joven y nueva del Canal 4. Esta audiencia claramente disfrutó del tipo de participación e interacción que Penn y Teller alimentaban, y un formato al cual la audiencia estaba ya acostumbrada a través de otros programas de los géneros de comedia y programas de concursos.

Penn y Teller entonces presentaron un programa en el canal de Showtime TV, llamado *Penn and Teller: BS* (Penn y Teller: Patrañas), en el cual ponían una visión escéptica en una cantidad de temas. Algunos de los temas incluían lo paranormal, teorías de la conspiración, y religión. Las visiones extravagantes, ampliamente políticamente liberales y sociales de ambos frecuentemente quedaban en evidencia, con segmentos que lidiaban con temas que iban desde la guerra contra las drogas, hasta el control de armas. Además han escrito varios libros acerca del tema de la magia y causaron un poco de controversia dentro de su profesión al presentar una serie de espectáculos explicando cómo se hacen trucos específicos. Sin embargo, estos fueron creados específicamente para los programas y no revelaban cómo otros magos hacían sus ilusiones. En una presentación de TV, donde le "mostraban" a la audiencia cómo hacer el truco de vasos y pelotas, usando vasos transparentes, en realidad mostraron una variación ágil del truco y su belleza, pero en realidad no revelaron nada del truco. Sin embargo, enfrentaron bastantes reacciones negativas por hacerlo, en especial de otros magos. Discutiremos más acerca de esto en otro capítulo.

Los cuatro juegos de jugadores claves en la industria de la magia, o sea, inventores, diseñadores, constructores y presentadores juntos constituyen un ecosistema donde las ideas y los beneficios económicos que derivan de ellas están en circulación constante. Esto sugiere que la confianza es un componente crítico que hace que este ecosistema sea exitoso, ya que las varias partes interesadas están constantemente intercambiando su conocimiento 'secreto'. Esto nos lleva a una observación interesante de escolares que estudian la propiedad intelectual. A pesar de este intercambio de secretos, la magia es uno de los campos donde las leyes de propiedad intelectual casi no ofrecen protección para estos innovadores. Podrías esperar que la innovación misma no lograra prosperar bajo un régimen tan suelto, pero, interesantemente, la magia parece ser una tierra muy fértil para la innovación. Los escolares en propiedad intelectual han visto también patrones similares en otras industrias. En el campo de la moda de diseño, por ejemplo, se ha argumentado que los diseñadores más grandes no tienen reparo en que se copien sus diseños y muevan por la cadena de valor. No solo les da más influencia como los pioneros originales, sino que además actúa como una forma de obsolescencia planificada. Como resultado, pueden mantenerse en la vanguardia al innovar en la punta superior del mercado, mientras que sus diseños previos bajan lentamente. En el caso de la magia, sin embargo, las normas son ligeramente distintas. Aunque hay una protección de la propiedad intelectual dentro de la comunidad a través de los procesos y las sanciones informales, no hay una necesidad real para las leyes de propiedad intelectual misma. Esto se conoce como el concepto de 'espacios negativos' en la ley de propiedad intelectual, ya que la sabiduría convencional puede hacer que creas que un marco legal apoya y crea incentivos para ideas nuevas, y la protección de ideas existentes.

La Hermandad Internacional de Magos y la Sociedad de Magos siguen un estricto código interno de ética. A menos que esté permitido explícitamente, los miembros de estas organizaciones tienen prohibido revelar 'el modus operandi de los efectos o principios mágicos al público laico'. Típicamente, se pueden otorgar excepciones cuando 'la intención es clara para enseñar, así el recibidor puede aprender cómo hacer y/o realizar el efecto o efectos, en lugar de simplemente satisfacer la curiosidad'. Por lo tanto, bajo esta cláusula, el mago es más propenso a revelarle un turco a un estudiante o aprendiz dedicado en lugar de un espectador curioso. Otra excepción es 'donde el método de un efecto es integral para la trama, como en una novela u obra de detective'. Cuando los magos son citados como asesores en el teatro dramático o en las producciones de películas, pueden tener una excepción, ya que algunos de los efectos pueden requerir la construcción o fabricación de accesorios complejos, lo cual requiere que se comparta el conocimiento. Otra excepción es 'cuando el método es importante para la historia del artista o inventor o la evolución del efecto discutido, como en la historia de la magia o biografías', nuevamente, hay una posibilidad probable en un ambiente académico o contexto educativo. La última excepción posible es 'cuando un efecto es realizado y entonces se revela el método simple como un chiste o jugarreta'. Pueden haber otras situaciones en las cuales un miembro puede recibir un privilegio, pero solo bajo la determinación que 'de esa manera no quede dañado el Arte de la Magia'. Al establecer este grupo de expectativas compartidas, así como una serie de excepciones personalizadas, estas sociedades intentan equilibrar la necesidad de confidencialidad y secreto, con preocupaciones más prácticas de compartir e intercambiar información que los magos pueden enfrentar en la práctica.

Adicionalmente, resulta que la comunidad de la magia, ha desarrollado su propio grupo de normas para asegurar que los inventores de trucos nuevos y prominentes reciban crédito por sus esfuerzos. No solo eso, incluso si el esfuerzo original es mejorado en una iteración subsecuente, el inventor original siempre es reconocido y acreditado. El segundo juego de normas lidia con las ideas que ya han sido creadas. El acuerdo común aquí es que si un método secreto no ha sido ampliamente compartido, publicado o vendido, nadie más puede usarlo, y si de hecho ha sido ampliamente compartido, puede usarse libremente. Incluso, si una presentación dramática ha sido ampliamente compartida, puede ser usada, pero usarla se considerará una forma mala, y si un truco fue publicado o compartido originalmente, pero no ha sido usado durante mucho tiempo, la persona que lo redescubre puede ser considerada el inventor. La norma final es la más importante: un mago nunca puede exponerle un truco a quien no es un mago. Este último punto es uno en el cual los magos pares se han quejado, pero la tendencia en línea es revelar mucho más de lo que Penn y Teller han hecho en la vida. Cuando Fox TV emitió un especial llamado 'Breaking the Magician's Code: Magic's Greatest Secrets Revealed' (Rompiendo el Código del Mago: Los Mayores Secretos de la Magia Revelados', en el otoño de 1997, la reacción de los magos fue veloz. Enseguida comenzaron las demandas legales, gracias a la contención de los magos de que Fox estaba destruyendo sus medios de subsistencia al revelar los secretos del oficio. El programa revelaba el funcionamiento interno de más de veinticinco ilusiones, en desafío a la rabia entre los magos. Los trucos eran realizados por el "Mago Enmascarado" llamado Valentino. Al analizar el estilo de las actuaciones, los magos rápidamente dedujeron que Valentino era precisamente el presentador Leonard Montano. Previo al especial final, Valentino mismo reveló su verdadera identidad. En una de sus demandas legales los magos argumentaron que revelar las ilusiones de esta manera era una violación a la Ley Uniforme de Secretos Comerciales, ya que los dueños del "secreto del oficio" obtienen beneficio económico de mantenerlo secreto. Sin embargo, esto ingresó a un área gris, ya que nunca hubo una determinación de si alguno de los actos de magia revelados en el programa eran realmente secretos del oficio, como los define la ley. Incluso en 1997-1998, en el momento que se estaba emitiendo el programa, la mayoría de las soluciones a que se expusieran los funcionamientos internos de los trucos, podían encontrarse en trabajos escritos disponibles libremente para la compra, y en línea en los orígenes del Internet. Valentino después mencionó que firmó bajo el acuerdo que solo revelaría el funcionamiento de ilusiones "más viejas", con la intención de motivar a los chicos a que ingresaran a la magia. Sin embargo, esta visión fue ridiculizada por los magos profesionales que habían invertido tiempo y dinero para crear efectos especiales que les ayudaban a obtener un sueldo. Discutiremos este asunto en más profundidad cuando lleguemos al caso de los trucos de magia complicados y sus soluciones que proliferan en YouTube en la actualidad, o en locales como Penguin Magic, donde uno puede directamente comprarlos, sin ser cuestionados. El asunto principal es si dichas tendencias apuntan hacia un declive en el futuro de la magia o si quizás terminarán abriendo fronteras nuevas al estimular más innovación.

Penn y Teller han continuado presentando en vivo la mayoría de las noches con el espectáculo a largo plazo más continuado en Las Vegas en el Rio Hotel. ¡El espectáculo además tiene la distinción de ser el espectáculo más continuado en un hotel! En un receinte viaje familiar a Las Vegas, luego de registrarme en el Bellagio, descubrí que mi sala de estar tenía una vista excelente del Rio Hotel en la distancia. Osadamente blasonado en la fachada del edificio había una enorme fachada de Penn y Teller, actuando como un foco solitario en el desierto para todos los fans y artistas, noche y día (¡tomé esto como señal de que había que escribir un libro!). Jillette tiene una observación interesante acerca de las audiencias en Las Vegas. A diferencia de lugares como Londres, Chicago o Nueva York, donde los fans reservan sus entradas con meses de anticipación y esperan ansiosamente por los espectáculos, cree que las audiencias en Las Vegas típicamente deciden asistir al espectáculo de manera muy impulsiva, frecuentemente el mismo día de la actuación. Su intuición nace por los números de información real estadística de la Autoridad de Las Vegas para Convenciones y Visitantes. Jillette, sin embargo, prefiere actuar para una audiencia sencilla, con expectativas algo más bajas, ya que allí puede demostrar que tomaron la decisión correcta, que con una audiencia que vino con expectativas enormemente altas. Además de presentar en conjunto con Teller, Penn también ha trabajado solo en una pequeña cantidad de proyectos. Presentó el programa de juegos de la NBC, Identity, desde el 2006 en adelante. Además presentó un programa de entrevistas en la radio FM durante poco más de un año, comenzando a principios del 2006. El dúo se reunió en la pantalla para la serie de Tell a Lie (Cuenta una Mentira) del Discovery. Fueron incluidos en el Paseo de la Fama de Hollywood en el 2013, con su estrella cerca de la de Harry Houdini.

Volviéndose una Marca Reconocida

A medida que sus carreras se impulsaron, los rasgos y personalidades marcadas de Penn y Teller tomaron más importancia a medida que se volvían más reconocibles. En muchas de sus rutinas, Teller generalmente es víctima de los trucos de Penn. En otras, se presenta como el "sabio", mientras que Penn es el mago conversador e incoherente. En una interpretación memorable en un episodio posterior de *Fool Us* (el que tuvo a Kostya Kimlat, que nombramos previamente), Penn se refiere a sí mismo como el "tipo grandote y bobo", que puede ser engañado fácilmente, pero dice que es muy difícil engañar a Teller. Ambos se adhieren a un código de vestimenta de trajes empresariales para preservar su modernidad y presentar una apariencia limpia, a diferencia de otros magos, cuyos atuendos tienen un rol más crítico en su presentación. Ambos hombres han declarado que no beben alcohol y se mantienen lejos de la cafeína y otras drogas. En privado, los dos miembros de Penn y Teller tienen poco que ver entre sí, ya que la magia es su único interés compartido. A pesar de ser amigos cercanos y compañeros de negocios, viven vidas sociales distintas. Aunque viven cerca el uno del otro, mucha de su comunicación y trabajo en equipo se hace a través del correo electrónico. Penn solía vivir en una gran casa adornada con recuerdos de la magia y juguetes tecnológicos, llamada "The Slammer" (La Aplastadora). A todas las visitas se les sacaban fotos (fotografías de identificación policial), que después eran presentadas en múltiples pantallas de televisión y monitores de computadora en la casa. Aunque Penn bromeaba con que quería filmar una película de horror en la casa y hacer que la destruyeran en una escena final caótica, recientemente la vendió por $1,88 millones. A Teller también le gusta tener una casa llena de libros y artefactos de magia, con un pasaje secreto detrás de las estanterías.

En un análisis de eruditos en el cual se examinaban las actuaciones particulares de Penn y Teller, los académicos Elizabeth Miller y Peter Zompetti argumentan de manera convincente que sus actuaciones pueden ser clasificadas como "anti-magia" posmoderna. ¿Qué quiere decir? Que por un lado, Penn y Teller han construido una marca al satirizar los actos de magia convencionales, y deconstruirlos activamente en el escenario. En sus presentaciones típicas en el escenario, son particularmente adeptos a intercambiar entre los dos modos de humor irónico y macabro y el horror dramático. Algunos de sus trucos en el segundo género tienen nombres sugestivos, como Alfiler de Gorro Sangriento, Ruleta de Roedor y Puñalada de Mano, y tienen la intención de asquear y deleitar a la audiencia a la misma vez, con su abordaje poco convencional. Además reciben su inspiración de la magia callejera que se practica en otras partes del mundo, donde la sangre contribuye a la fascinación mórbida de la audiencia, y cada escalada del mago es recibida con gritos de asombro y asco, pero la audiencia no logra desviar la mirada colectiva. A esto se le suman los comentarios ruidosos de Penn y sus personalidades contrastantes, y la diversión y característica alocada de su actuación es ampliada aún más. Además, el dúo busca enseñarle a su audiencia a ser escéptica con todo, en especial la magia, y de manera consecuente han sido instrumentales en crear audiencias más educadas y sofisticadas. La comunidad de la magia aparentemente se adhiere a dos reglas de alto nivel que tienen la intención de preservar el secreto de sus trucos. Primero, un mago nunca debe contarle a su audiencia cuál será el efecto, y segundo, un mago nunca debe repetir un acto. Estas reglas son rotas a menudo, pero la comunidad de la magia sobrevive porque la realización de un truco es más importante que los detalles técnicos asociados a él, y no hay dos artistas que sean exactamente iguales. Además, la repetición se usa frecuentemente en la magia de proximidad: tanto la repetición de un efecto (usando métodos diferentes), y la repetición del método, en el mismo truco. Todo depende del contexto, ambiente y tiempo, y la sofisticación de la audiencia. Si los magos sienten que pueden hacer estas jugadas sin ser descubiertos, optarán por correr el riesgo.

La meta de la magia es implantar el asombro en la audiencia en lugar de emitir el acto como algo imposible que se vuelve realidad. En la magia secular, nadie (o al menos la gran mayoría) creen en lo oculto o sobrenatural. Además, desafiar a la audiencia a que explique un acto de magia a menudo los hará darse la vuelta, porque hace que el espectáculo sea una competencia, y realizar trucos exageradamente simplificados tiene también el efecto de insultar la inteligencia de la audiencia. Para prevenir esto, los magos pueden usar el humor, en especial la incompetencia humorística. El humor puede ganar el apoyo de la audiencia, y prevenir que los tonos o las ideas oscuras abrumen a la audiencia. Más importantemente, el humor juega un rol muy importante en congelar la atención de la audiencia, permitiéndole al presentador que utilice exitosamente el tiempo hacia el siguiente objetivo ilusionista sin que la audiencia lo note.

Penn y Teller fueron inspirados por Houdini para incorporar el desmentir de la magia en su rutina. En la rutina de "Se Ve Sencillo", Penn narra el truco silencioso de cigarrillo de Teller y revela cómo funciona el truco, mientras que Teller introduce una "desorientación sin palabras" mintiendo a través de gestos. Este acto es un buen ejemplo de la dicotomía de las personalidades del dúo, mientras que Teller actúa en silencio mientras que Penn comenta. En su acto de vaso y pelotas, rompen las dos reglas previas de la magia al repetir el truco y usar vasos transparentes. Dicen que su versión no insulta la inteligencia de la audiencia. Mostrarle su proceso a la audiencia ayuda a divergir la atención de la audiencia al crear un falso sentido de inclusión, que les permite armar un truco mayor y mantenerse sin ser detectados. A menudo incorporan la ironía en los actos al jugar con temas comunes para entretener y educar a su audiencia. En su acto de "triturar a un conejo", satirizan trucos tradicionales como adivinar cartas y sacar un conejo de un sombrero al poner tanto el mazo como el conejo en una trituradora. En el truco del ahogamiento, Teller se "ahoga" en un tanque mientras que espera a que Penn termine un truco de magia. En este truco, Teller tiene la llave de su propio tanque pero se rehúsa a darla a menos que Penn pueda terminar el truco. Ambos trucos mezclan la magia con el humor oscuro para obtener un efecto satírico. Penn y Teller a menudo tratan la muerte con extravagancia, porque están en desacuerdo con sobrevalorar el peligro de la magia. A través de su comedia y actuación despreocupada, demuestran que la "sangre" en el escenario no es seria. Su irónico abordaje con esto es que deconstruyen el truco en gran detalle para poder avergonzar a otros magos para que innoven en los trucos muertos.

Penn y Teller además rompen las reglas al revelar cómo funciona su truco de "Despegue" al usar accesorios transparentes, y en su truco de "cortar una mujer a la mitad", explican cómo lo hacen los magos convencionales, y entonces crean una ilusión doble, donde parece que mutilan accidentalmente a su sujeto durante la explicación. Ambos ejemplos utilizan el humor por completo, y el segundo ejemplo utiliza dos niveles de ilusión, que explican después del acto. La idea detrás de estas explicaciones es divergir la atención de la audiencia de lo místico o sobrenatural, y bajarlos a tierra de golpe. De alguna forma, han ahora agregado un cuarto nivel al "promesa, giro y prestigio", que es la explicación de la audiencia y la resolución y satisfacción final. Penn y Teller saben instintivamente que no dar una resolución o cierre puede dar lugar a la insatisfacción de la audiencia. Dada su disposición a revelar el funcionamiento de los trucos, o simplemente mostrarlos abiertamente, han atraído muchas críticas negativas. Sin embargo, creen fuertemente que no están infringiendo ninguna magia propietaria, y quieren cambiar el paradigma de la magia. Al parodiar la magia de esta manera, les permite revivir el arte de la magia, mientras que simultáneamente son "anti-magos" y "magos".

En su espectáculo continuo en el Rio en Las Vegas, Penn y Teller pasan cambiando los elementos del espectáculo con cada iteración, de modo de mantenerlo fresco y sorprendente. Muchos de los miembros de su audiencia son visitantes repetidos, y aunque esperan la novedad y les gustan las sorpresas, también esperan ver algunos 'viejos estándares'. Por lo tanto, hay algunas rutinas que son presentadas sin falla, ya que las audiencias esperan verlas. Dos ejemplos que Teller cita son la ilusión de Sombras que ha estado realizando por años, y ahora se considera su pieza característica, así como la doble atrapada de balas del dúo, la cual han realizado por más de dos décadas. Jillette cree que este acto es uno de los favoritos de su audiencia y que engaña a la mayoría de la gente. Uno de los hitos de sus actuaciones es el hecho de que los miembros de la audiencia pueden encontrarse con ellos después del espectáculo, donde hablan y posan con ellos para fotos en el vestíbulo del hotel, y se quedan hasta que todos los miembros de la audiencia se van satisfechos. Y no cobran ni un centavo por hacerlo. Esto es distinto al abordaje de otras estrellas, que ven estas sesiones de conocer a los artistas y sacarse fotos como formas adicionales para generar ganancias, y en ocasiones las monetizan. Por ejemplo, David Copperfield cobra más de $100 por conocer a los fans, mientras que Olivia Newton-John, que presenta en el Flamingo Hotel en Las Vegas, cobra hasta $170 por una foto detrás del escenario.

Capítulo 4: Los Años *BS* hasta *Fool Us*

"El propósito del arte es chocar con lo visceral e intelectual a la mayor velocidad posible."
—Penn Jillette

"Ingresas a la magia para ser engañado. Y cuando éramos jóvenes y estábamos comenzando, por supuesto que casi todos los actos de magia nos engañaban. Pero es como que con la magia, siempre estás buscando la primera colocada."
—Penn Jillette

BS: El Concepto del Programa

Lanzado originalmente a principios del 2003, este programa, Penn and Teller: BS, fue predicado sobre la capacidad de Penn y Teller de desmentir midas y mitos populares, con un énfasis particular sobre desprestigiar las creencias pseudocientíficas o paranormales. El programa tuvo una carrera muy exitosa en Showtime durante los siguientes siete años, y en el proceso obtuvieron 11 nominaciones al Emmy, mientras que se convirtió también en el programa continuo a largo plazo más largo de ese canal. Interesantemente, la elección de la palabra 'patrañas' para describir los proveedores de las modas y embustes previamente nombrados se consideró una elección segura. Llamarlos mentirosos, locos o estafadores hubiese abierto rápidamente la posibilidad de las demandas legales. Como menciona Penn en su estilo característico del programa, "Entonces, perdona todo el 'lenguaje de patrañas', pero estamos intentando hablar de la verdad, sin pasar el resto de nuestras vidas en la corte". El programa además incluía apariciones de escépticos reconocidos como James Randi. Una amplia variedad de temas eran cubiertos en los varios episodios: algunos destacados incluyen la influencia de los cultos, la medicina alternativa, las dietas de moda, el Feng Shui, las teorías de la conspiración, lo paranormal, y el creacionismo. Los críticos del programa han reclamado que las discusiones a menudo se expanden hacia el pseudo-escepticismo y negacionismo, pero no se puede negar que el programa exploró una amplia variedad de temas controversiales.

Las creencias en lo paranormal son un fenómeno que está definido como que no cae dentro, o no es entendido por el conocimiento científico actual. Los psicólogos incluso han construido herramientas investigativas para intentar medir el grado de creencia en lo paranormal. La PBS (Escala de Creencia en lo Paranormal) es una medida tal, donde a los encuestados se les pregunta acerca de cosas como su creencia en la existencia de la brujería o lectura de mentes, por ejemplo. Una escala editada presentada en el 2004 intenta medir dichas creencias por siete dimensiones. Estas dimensiones incluyen: creencia religiosa tradicional, psi, brujería, superstición, espiritualismo, formas de vida extraordinarias, y la precognición. Un episodio típico de *Penn and Teller: BS*, involucraría entrevistas con los defensores de varias teorías y creencias paranormales y frecuentemente intentaban atraparlos en sus baches contradictorios. Un episodio intrigante investiga la creencia entre varios grupos acerca de la tecnología extraterrestre y su vínculo con el Área 51. Ubicada en una parte remota de Nevada, el Área 51 es un desprendimiento remoto de la Fuerza Aérea de los EEUU, afiliado con la Base Área Edwards. Su lejanía y secreto han dado lugar a una cantidad de teorías conspiracionistas sin verificar. Estas incluyen que la base es un sitio primario para la ingeniería en reversa de aeronaves extraterrestres que han capturado, a que es un establecimiento seguro para el confinamiento de los extraterrestres mismos, vivos o muertos. En el episodio, Penn y Teller hacen el caso de que estos teoristas están siendo muy selectivos en el tipo de evidencia que recolectan, y están predispuestos a creer en esta evidencia reunida a través de métodos que no son científicos. Podría ser que son miembros de una comunidad que comparte una pasión por su creencia en la vida extraterrestre, y sus 'estudios' son esencialmente un estilo de pasatiempos. Pronto, estas teorías creativas pasan la frontera de lo fantástico, y el uso de evidencia selectiva los trae hacia el ámbito de lo posible.

En algunos episodios, el enfoque está sobre temas más mundanos, y Penn y Teller también llevaron a cabo sus propios truquitos y experimentos para tanto entretener, como educar. Un episodio popular "Agua Embotellada", que en realidad es uno de mis favoritos, hace que los magos realicen 'degustaciones' de varias aguas embotelladas, supuestamente de ubicaciones exóticas, con clientes en un restaurant de lujo. Estos degustadores voluntarios diligentemente disciernen diferencias sutiles entre las aguas que se les presentan, así estableciendo su sofisticación y buen gusto. Pronto, se revela el secreto. ¡Penn y Teller han estado llenando todas las botellas en el patio trasero con una manguera de jardín y agua municipal gratis! El único cambio era la presentación: botellas distintas y distintas patrañas para describir cada uno de sus perfiles de sabores. Esta también es su versión satírica del comentario social del estado de la economía consumista.

Un episodio de esta serie por el cual Penn y Teller recibieron muchas críticas es en el cual examinan el efecto del humo de segunda mano. En el episodio, tomaron el punto de vista que las prohibiciones para fumar son una infracción de la libertad personal, y presentaron evidencia anecdótica de varias personas, que tampoco habían sido impactadas por el humo de segunda mano. Por supuesto, varios estudios científicos han demostrado que tanto fumar, como recibir humo de segunda mano son significativamente dañinos, pero estos estudios han sido refutados por la industria tabacalera. De hecho, la industria tabacalera incluso tomó medidas legales contra dichos reportes a principios de los años noventa. Sin embargo, varios estudios posteriores han continuado demostrando los efectos perjudiciales de fumar o estar expuestos al humo de segunda mano. Resumiendo, Penn y Teller luego admitieron que seguramente estaban equivocados con sus suposiciones al momento de filmar el programa. Aunque esta retracción no fue muy convincente dado su desprecio de los estudios científicos en el episodio mismo, la versión en DVD del programa tenía una corrección de su postura. Uno se pregunta si el objetivo original de la afirmación no sería simplemente para ser un poco controversiales.

En otro entretenido episodio, el enfoque estaba en desmentir la práctica del Feng Shui. Se les permitió a tres practicantes organizar la misma habitación según los principios del Feng Shui, que se afirma como "científico". Resulta que cada arreglo no solo era completamente diferente, sino que los practicantes no pudieron pensar en una definición concreta de qué eran las energías que estaban realineando a través de su ejercicio. Un practicante afirmó que las "energías del chi están jugando un juego cósmico de sillas musicales". Penn y Teller claramente disfrutaron de lo absurdo de la situación y dejaron que las acciones hablaran por sí mismas. Después le hicieron un perfil a un salón de belleza que ofrece cortes de pelo basados en los principios del Feng Shui por la suma de ciento cincuenta dólares. Resulta que no eran más remarcables que un corte de pelo que salía dieciséis dólares. Los fans consideran que este es uno de los episodios clásicos que encapsula prolijamente la premisa inicial del programa. Además le pone un foco encima a las prácticas dudosas que utilizan los vendedores de teorías pseudocientíficas, en áreas donde hay poca o no hay verificación empírica.

Un aspecto del programa contra el cual no se puede argumentar es que Penn y Teller dieron la plataforma más amplia posible a un grupo diverso y ecléctico de gente. Cuanto más locas y controversiales eran sus posturas, mejor, por el bien del entretenimiento y el impacto potencial de la desmentira. Entre la gente famosa y cuestionable que apareció en el programa estuvieron Roger Lear (un cirujano que se especializaba en extraer implantes de extraterrestres), Bruce Breach (un excéntrico preparador del día del juicio), Russel Targ (explicando sus teorías sobre la visión remota), y Joe Arpaio (quien dice que las drogas legalizadas darían lugar a que los doctores operen pacientes estando ellos mismos bajo la influencia de las drogas). Muchos de ellos lograron sus propias versiones de la fama, y en muchos casos, la notoriedad.

Los Desmitificadores y los Desmitificados

Ha habido una larga asociación entre los magos y el arte de desmitificar o exponer mitos, supersticiones y lo paranormal. El término 'desmitificar' encuentra su origen en la novela Bunk, publicada en 1923, por el periodista americano, William Woodward. Según Woodward, desmitificar podría "sacar el 'bunk' (o mito) de las cosas". El término "desmitificar" no solo se limita a debatir argumentos científicos. Podría significar intentos de desacreditar cualquier punto de vista opositor, incluyendo el de un rival u oponente político. El desmitificador, por lo tanto, emerge como un abogado apasionado por el interés público, mientras que expone los engaños, trampas y charlatanes. Uno de los desmitificadores conocidos más antiguos fue Harry Houdini, quien asumió la responsabilidad de exponer a los fraudes que decían tener poderes sobrenaturales. Otro desmitificador temprano fue el mago inglés, John Nevil Maskelyne, quien expuso en primer lugar a los hermanos Davenport y su ilusión de armario espiritual en 1865. Para poder exponer a los espiritistas fraudulentos, Maskelyne, junto con su amigo fabricante del armario, George Cooke, construyeron una réplica más grande del armario de los Davenport. Entonces armaron la misma ilusión para las audiencias, incluso agregando su propia cantidad de comedia al tener uno de los artistas usando el traje de gorila. Un artista talentoso que está acreditado con la invención de la levitación, fue también el inventor de muchos dispositivos, incluyendo el 'inodoro pago', e inventor en conjunto del Psycho, un autómata que jugaba al whist, un popular juego de cartas. Fue el fundador del Occult Committee (Comité de lo Oculto), un grupo fundado con la meta de investigar las afirmaciones de tener poderes supernaturales, y de exponer a los fraudes.

El desmitificar se ha evolucionado hasta ser una forma de arte, ya que sus practicantes deben tener mucho cuidado en cómo aplican sus habilidades. A pesar del reconocimiento y la credibilidad de muchos desmitificadores, sus esfuerzos a menudo pueden fracasar. Hay varias razones para que esto ocurra. En su afán por desmitificar algo, pueden terminar reforzando accidentalmente las mismas creencias que están intentando corregir. Esto se conoce también como perseverancia de las creencias. Ha habido estudios que prescriben el mejor método para desmitificar, e incluyen la simplicidad, mensajes cortos, aumentar la confianza y el ego del sujeto, y no intentar describir las ideas erróneas o amenazar las visiones generales del sujeto. Los creyentes generalmente tienden a aferrarse fuertemente a sus visiones, y prefieren estar envueltos en sus convicciones en lugar de creer en los hechos. Como lo describe un investigador, en la ausencia de una explicación mejor, la gente elige continuar creyendo en la explicación equivocada.

Una figura tal que estableció este género firmemente en el paisaje cultural de los años setenta fue un amigo cercano de Penn y Teller, el escéptico James Randi. Un antiguo practicante de magia y actos escapistas, Randi se retiró de la profesión para asumir su nueva vocación como un escéptico e investigador científico (no le gusta el término desmitificador). Un invitado repetido en el Tonight Show with Johnny Carson, expuso a curanderos religiosos, estafadores, y otros perpetuadores de lo paranormal y sobrenatural. Su objetivo más famoso fue el artista israelita, Uri Geller, quien decía que podía doblar cucharas usando habilidades psíquicas genuinas, o telequinesis. En una aparición en el programa de Johnny Carson, el mago israelita fue humillado famosamente cuando sus poderes mágicos parecieron no funcionar. James Randi, colaborando de antemano con el personal en The Tonight Show, los había establecido para observar y controlar estrictamente todos los accesorios utilizados durante la actuación, y asegurar que Geller no tuviese acceso a ellos o los pudiera cambiar antes de su aparición. Penn y Teller hicieron una aparición en una película biográfica acerca de James Randi, *An Honest Liar* (Un Mentiroso Honesto), que se lanzó en el 2014.

Otra exposición clásica de Randi involucró a Peter Popoff, un curandero religioso que aparentemente sabía información personal detallada de los miembros de la audiencia en sus reuniones de la iglesia. Al establecer su credibilidad primero al recitar información arcana como sus direcciones, aflicciones, y nombres de miembros de la familia, entonces les "curaba" sus males. Después de una investigación detallada, Randi pronto se cruzó con la fuente de estas habilidades mágicas. Resultó que a Popoff le daban esta información al aire a través de un audífono oculto. En la otra punta estaba su esposa, transmitiendo esta información que había sido obtenida de las tarjetas de oraciones que todos los feligreses habían llenado. Si bien esto puede parecer ordinario en retrospectiva, ver un video de la actuación de "curación religiosa" nos muestra lo poderoso que puede ser el efecto para una audiencia crédula que está poniendo su fe y esperanzas en su objeto de salvación. Penn Jillette ha comentado lo mucho que le irrita la gente que dice hablar con los muertos, no porque estén haciendo dinero al aprovecharse de los apesadumbrados, sino porque arrogantemente profanan los vínculos y recuerdos familiares a través de su codicia.

Una iniciativa que estableció Randi, la James Randi Educational Foundation (Fundación Educativa James Randi), auspició el One Million Dollar Paranormal Challenge (Desafío Paranormal de Un Millón de Dólares). Este desafío ofrecía un premio final de un millón de dólares para cualquier solicitante elegible que pudiese "demostrar evidencia de cualquier poder o evento paranormal, supernatural, u oculto bajo condiciones de pruebas acordadas por ambas partes". Después de que Randi se retirara, este desafío se terminó en el 2015. Más de mil personas intentaron ganar el premio, pero ninguno lo logró. En un comentario irónico, Randi observa que casi ninguno de los solicitantes infructuosos pensaba seriamente que la posibilidad de su fracaso podía ser debido al hecho de que simplemente no poseen el poder que creen tener. En su lugar, están más inclinados a criticar las condiciones de prueba o factores externos completamente fuera del foco del experimento. Como Randi, Penn y Teller se deleitan especialmente al desmentir estas teorías y creencias que no pasan la prueba experimental. Además de Houdini, James Randi y Penn y Teller, otros escépticos famosos incluyeron a Stanton Friedman, Martin Gardner, Carl Sagan, Isaac Asimov, Richard Dawkins y Michael Shermer. Otros magos conocidos por su escepticismo incluyen a Ricky Jay, Christopher Milbourne, Steve Cuno, Criss Angel, y más recientemente, Derren Brown.

Cuando el mago Jim Callahan sugirió que uno de sus trucos en el programa de TV, *Phenomenon* (Fenómeno) era ayudado por un espíritu guía, Criss Anfel ofreció $1.000.000 de sus fondos personales a Uri Geller y Jim Cllahan si podían determinar físicamente los contenidos de un sobre en su mano. En una aparición en Larry King, Angel enfatizó, "Nadie tiene la habilidad, que yo sepa, de hacer algo supernatural, psíquico, hablar con los muertos. Y eso es lo que iba a hacer con *Phenomenon*. Si alguien va a ese programa y dice tener una habilidad psíquica supernatural, los desmentiré en vivo y en la televisión." Criss Angel ha hablado en contra de las prácticas de los médium y ha dicho que se esforzaría más allá de lo esperado, para exponerlos, incluso si fuesen miembros de su propia familia. Es de la opinión de que la gente que dice comunicarse con los muertos debe ser expuesta ya que se alimentan de las víctimas inocentes y vulnerables. De manera similar, Derren Brown está particularmente interesado en ir detrás de aquellos que se hacen pasar por curanderos religiosos y médiums. Aunque es conocido como el lector de mentes más famoso de Gran Bretaña, le deja en claro a su audiencia que usa principalmente la sugestión, psicología, desorientación y sobreactuación para lograr sus efectos, y nada más. En sus espectáculos en vivo, como Svengali, y a través de su programa de TV, *Derren Brown: The Experiments* (Derren Brown: Los Experimentos), Brown frecuentemente demuestra cómo el público puede ser desviado por explotaciones simples de normas y pensamiento grupal a través de la ingeniería creativa social. El famoso escéptico, Richard Dawkins presentó a Brown en una serie de documentales, *The Enemies of Reason* (Los Enemigos de la Razón). En su aparición, Brown famosamente desmintió la lectura en frío, una técnica psicológica utilizada por aquellos que dicen ser psíquicos o médiums. Aclaró más este tema en su libro, *Tricks of the Mind* (Trucos de la Mente). Su producción prolífica de libros incluye títulos de magia para practicantes, el público general, así como la historia de la filosofía de la felicidad. Al exponer deliberadamente las estafas y actos de decepción, Brown además le informa a su audiencia cómo evitarlos.

El investigador y autor, Dean Radin, quien dirige el Institute of Noetic Sciences (Instituto de Ciencias Noéticas, cree que la magia es real y puede ser investigada con métodos científicos. Investiga fenómenos como la telepatía, clarividencia, precognición y psicoquinesia. Todos estos caen bajo la amplia disciplina conocida como la parapsicología. Contiende que estas son las áreas en las cuales la "magia real" es manifestada y puede ser estudiada. Pero también reconoce que los científicos serios evitan la parapsicología "como si fuese una cepa violenta de una plaga de zombis". Su visión es que solo los sesgos y prejuicios evitan que los escépticos acepten la evidencia para los fenómenos psíquicos como la percepción extrasensorial o psicoquinesia. Sin embargo, no ha reclamado el premio paranormal, ya que considera que el monto del premio no cubriría los gastos para demostrar los tipos de efectos psi observados en el laboratorio. Escépticos como James Randi y Penn y Teller generalmente consideran tales declaraciones como mentiras, y que vale la pena desmitificarlas. Puntos de vista alternativos como el de Radin deben ser examinados para por lo menos entender el atractivo místico de la magia, si no es para desafiar y verificar científicamente muchas de las afirmaciones fabulosas. Además, vale la pena notar que uno de los alquimistas más famosos, aunque ocultos, fue también uno de sus más reconocidos científicos, Sir Isaac Newton. Durante el correr de su vida, Newton acumuló la colección de alquimia más grande de su tiempo, y llevó a cabo experimentos secretos lejos de las miradas hurgadoras de la iglesia o el público. Este aspecto de Newton se mantuvo principalmente escondido hasta los 1930s. Fue solo cuando el premio Nobel, John Maynard Keynes compró una colección de papeles y notas viejas de Newton, que esta parte ignorada de su legado fue descubierta. Si bien esto no significa que Newton de alguna manera descubrió la piedra filosofal alquimista, muestra el grado al cual lo oculto tuvo un rol incluso entre los pensadores "populares" de la época. Esta tendencia continuó durante y después de la Ilustración, junto con estudios y proyectos dedicados a investigar el esoterismo y mesmerismo. Al final del siglo, el grupo de élite súper secreto, la Hermetic Order of the Golden Dawn (La Orden Hermética del Amanecer Dorado) continuó con los estudios de temas ocultos como la astrología, adivinación o proyección astral, atrayendo a adeptos famosos como el poeta W.B. Yeats. Estos esfuerzos llegaron a los pioneros de la magia de escenarios y de espectáculos como Robert-Houdin, quien investigaba las afirmaciones de clarividencia, y al interés creciente en el espiritismo en el Industrialismo. Incluso en la actualidad, científicos distinguidos, incluyendo algunos ganadores al premio Nobel, a menudo expresan su creencia personal que los fenómenos paranormales son creíbles y compatibles con el conocimiento científico. Si bien dichas personas se encuentran en la minoría, y sus creencias aún no se consideran parte de la ciencia tradicional, igual pueden hacer un impacto en el público gracias a su estatus y alcance.

El rango de temas cubiertos por el programa de *Penn and Teller: BS* es una mezcla interesante y volátil, que cubre de todo, desde la religión, lo paranormal, estafas médicas, hasta secuestros extraterrestres y la percepción extrasensorial. Refleja tanto la curiosidad innata y los intereses diversos de Penn y Teller, con su disposición a tomar una postura basándose en sus visiones liberales. El programa obtuvo el éxito mundial, y lo emitieron canales en más de 16 países. Esto también representaría la transición en la cual Penn y Teller evolucionaron de ser una marca americana, a una internacional.

Recibieron el 2001 Hugh M. Hefner First Amendment Award (Premio Hugh M. Hefner a la Primera Enmienda del 2001), el cual fue establecido para 'honrar a los individuos que han hecho contribuciones significativas en el esfuerzo vital por proteger y mejorar los derechos a la Primera Enmienda de los americanos'.

Para fines del 2001, Penn y Teller ya estaban preparándose para su siguiente programa, el cual los llevaría de nuevo al ámbito de la magia. Los reestablecería como grandes intérpretes, y les proporcionaría un tipo de plataforma completamente distinto para un tipo distinto de aspirante.

El Fenómeno de Fool Us: El Concepto del Programa

El canal británico, ITV comisionó a *Penn and Teller: Fool Us* en febrero del 2011. Después de una recepción inicial positiva, se anunció que se producirían otros ocho episodios en una filmación corta de diez días comenzando en junio del 2011. Como saben los espectadores ávidos, el formato de *Fool Us* ha sido altamente estandarizado desde el comienzo. Después de una presentación del programa y los presentadores, Penn y Teller entran desde el centro del escenario y llegan a sus asientos, mirando hacia el escenario. De esta manera, cruzan hacia el "lado de la audiencia". Como cualquier miembro de la audiencia que asiste a un espectáculo de magia, ambos quieren ser engañados y entretenidos, pero también quieren ser lo suficientemente astutos como para descifrar el código del mago. Una serie de artistas entonces son presentados por el presentador o la presentadora (Jonathan Ross o Alyson Hanningan, dependiendo de la temporada del programa), y su único propósito en ese punto es engañar a Penn y Teller y reclamar su premio de *Fool Us*. Como la audiencia, Penn y Teller ven el truco solo una vez, aunque en algunos casos el artista puede haberlos invitado al escenario para realizar un truco de cerca.

Al final de cada actuación, mientras hablan con el anfitrión, Penn y Teller intentan descifrar el truco desde sus asientos. Dado que Teller siempre se mantiene en silencio, Penn es quien tiene que hablar. Tiene que comunicarle el secreto del truco al artista sin dejar que la audiencia conozca el método específico. Esto se hace principalmente para "mantener la magia viva" y permitir que el artista use el truco en su repertorio futuro. Sin embargo, a Penn Jillette le gusta hablar en código, así los magos aspirantes siempre pueden descifrar lo que está diciendo si se toman la molestia de seguir sus pistas. Apunta sus comentarios a las versiones más jóvenes de Penn y Teller que estén allá afuera mirando. En una entrevista, ha llegado a decir que sus comentarios son todos "búsquedas de palabras clave". Por un lado, los comentarios son crípticos y reservados, y por el otro, pueden ser el camino para aprender más acerca de los trucos en cuestión. De vez en cuando, Teller es despachado al escenario con un dibujo o boceto que le comunica su teoría al mago. En la gran mayoría de los casos, Penn y Teller han descubierto el truco. Interesantemente, sin embargo, no todos los artistas que aparecen en el programa esperan engañarlos. En muchos casos, en especial cuando los magos están realizando trucos establecidos, pero con ligeras variaciones, el enfoque está más en el valor de entretenimiento, y los artistas mismos están allí para divertirse y obtener mayor exposición. Pero cuando Penn y Teller quedan desconcertados con un truco, es divertido verlos frustrarse, enojarse o agitarse intentando descifrarlo. Y por supuesto, hay algunos casos raros en los cuales partes del truco son conocidos, pero la actuación es tan extraordinaria que simplemente se dan por vencidos y simplemente disfrutan del programa. En temporadas posteriores, actuaciones de magos como Shin Lim, Richard Turner y Ryan Hayashi provocaron una respuesta así – estaba claro que Penn y Teller quedaron simplemente atónitos y podías ver el asombro infantil, en especial en Teller. Cuando llegó el momento del legendario mecánico de cartas blancas, Richard Turner, Teller estaba listo para darle el trofeo sin siquiera esperar al final de la actuación. Algunas rutinas pueden estar tan bien hechas y ser tan abrumadoras, que incluso los profesionales endurecidos pueden simplemente descansar y disfrutar del programa.

Por las dudas de que haya una disputa, hay un juez detrás del escenario (Johnny Thompson) que ha examinado cada truco y puede intervenir para verificar que el mago realmente ha engañado a Penn y Teller, y expresarle esto al presentador. Después de cada actuación individual, si el artista engaña a Penn y Teller, no solo ganan el trofeo de *Fool Us*, sino que además ganan un viaje de cinco estrellas a Las Vegas, para actuar en el acto de apertura de su espectáculo en el Rio

Hotel & Casino. Como un regalo de despedida a la audiencia, Penn y Teller entonces salen y realizan un truco propio. Para la mayoría de los magos, muchos de los cuales no han actuado en un medio tan grande, estar en el programa o ganar el trofeo es una bendición y podría realmente mejorar su carrera artística. En lo que respecta a Penn y Teller, continúan su reino como el programa continuo más largo de Las Vegas.

Temporadas 1 y 2: Jonathan Ross y la Invasión Británica

La temporada 1 del programa se enfocó principalmente en los magos británicos, dado que estaban ubicados en el Reino Unido. Jonathan Ross fue elegido como presentador para esta temporada. Con un historial extenso y establecido como presentador de radio y televisivo, así como un actor y comediante, Ross ya era una de las estrellas mejor pagas de la BBC en el 2006. Conocido por su ingenio y extravagante estilo de la moda, Ross interpretó el rol como un tranquilo maestro de ceremonias, siempre listo con una broma, y nunca eclipsando ni a los magos, ni a Penn y Teller. También servía como un excelente conducto hacia la audiencia principalmente británica, interviniendo en los procedimientos como fuese adecuado, con una broma temática.

Es adecuado que la primera temporada de *Penn and Teller: Fool Us*, comenzara en el Reino Unido. Inglaterra, en particular, ha tenido una larga asociación histórica con la magia, y su historia e identidad cultural han estado estrechamente vinculadas con la magia desde los tiempos del neolítico. El carisma y la presencia que asociamos con los magos exitosos pueden tener su precedencia en la historia inglesa. John Dee, un astrólogo, matemático y asesor de lo oculto para la Reina Isabel I, fue quizás el ejemplo más interesante del culto a la personalidad. En su apogeo, trascendió exitosamente los límites de la ciencia, magia, religión y política, y fue un pararrayos para sus contemporáneos. Los escolares literarios creen que Shakespear puede haber modelado su personaje de Próspero en la Tempestad, basándose en Dee. En tiempos más recientes, varios escritores británicos han hecho la magia parte de la conversación cultural en lo popular. Estos incluyen a J.R.R. Tolkien, C.S. Lewis, J.K. Rowling y Neil Gaiman. Y el Reino Unido también ha producido a personajes como Dynamo y Derren Brown, quienes están entre los magos más exitosos de la actualidad, y varios talentos prodigiosos como Ben Hanlin, Megan Knowles-Bacon y Troy Von Scheibner, por nombrar algunos.

De manera similar a Penn and Teller: Fool Us en los EEUU, uno de los programas populares del Reino Unido, Magician Impossible (Mago Imposible), fue iniciado por el mago Dynamo. Conocido como Steven Frayne, Dynamo es un ejemplo clásico de un mago que usó el ajetreo y la experiencia callejera para hacerse camino a órbita de los artistas de renombre. Originalmente de Bradford, Reino Unido, su inicio original en la magia fue para protegerse de los matones del vecindario, y pronto desarrolló una reputación de tener una habilidosa prestidigitación. Parte de su atractivo es la historia de movimiento social, después de una niñez en vecindarios complicados, y luchando contra la enfermedad de Crohn, hasta llegar a ser una celebridad más adelante en la vida. Después de mudarse a Londres, armó una cinta de presentaciones con las cuales impresionaba a porteros y gerentes de viajes para llegar a las celebridades para hacer magia de cerca para ellos. De manera similar a David Blaine, usó sus reacciones como material promocional para sus habilidades, y pronto estaba apareciendo junto a estrellas como Jay Z, Coldplay, Russell Brand, Ashton Kutcher y Will Smith. En el 2013, ganó los Premios Virgin Media, a pesar de tener una competencia estrecha con programas como Sherlock Holmes, Downton Abbey, y Homeland. Esta victoria lo estableció como un entretenedor de alto perfil, y pronto estaba actuando como un exitoso mago de tours. Su programa de TV, *Dynamo: Magician Impossible*, combina actuaciones pequeñas e íntimas junto a eventos de gran escala, y principalmente se adhiere al formato de un documental de campo. Variando en ubicaciones desde su ciudad natal de Bradford, a Londres, el programa además viaja a ubicaciones exóticas como Miami Beach, los Alpes austríacos y la Pequeña Habana. Similar en cierto sentido con David Blaine, Frayne logra una mezcla interesante de gente 'real' de la calle, hasta una mezcla intrigante de celebridades que constituyen sus seguidores. En sus actuaciones, además de transmitir la rutina, la cámara siempre enfoca la reacción de las audiencias ante sus trucos. Su asombro e incredulidad son atrapados de manera dramática para demostrar el efecto de su magia en un ambiente rutinario. En una versión renovada del programa de *Magician Impossible* en el 2012, el énfasis estaba en comenzar con actuaciones a pequeña escala, escalando hasta un espectáculo a gran escala en público. En una ilusión memorable creada para el programa, Dynamo camina por el Támesis, cerca de las casas del Parlamento en Londres. La tensión aumenta gradualmente, desde el momento en el que los espectadores se reúnen al comienzo, hasta que observan el acto mismo, y sus reacciones posteriores. La cámara diligentemente captura la preocupación y ansiedad en las caras de los espectadores, y eventualmente su alivio, asombro e incredulidad posterior. Esta mezcla de emociones crea una poderosa imagen televisiva, y Frayne ha logrado dominar exitosamente el acto de los espectáculos en público hechos para la TV.

La temporada uno de Penn and Teller: Fool Us giró en torno a los artistas británicos, muchos de los cuales eran artistas de cartas o actuaciones de proximidad, mientras que la temporada dos incluyó a una cantidad de artistas internacionales. Los practicantes populares en esta temporada incluyeron a Nick Einhorn, un mentalista, Michael Vincent, un mago de escenario de proximidad y experto en cartas, y a Shawn Farquhar, un artista de proximidad de Canadá, y el antiguo ganador del FISM en Magia de Proximidad y antiguo Presidente de la Hermandad Internacional de Magos. Farquhar no solo logró engañar a Penn y Teller en su primera aparición, sino que regresó después a Las Vegas para hacerlo de nuevo. En la segunda aparición, en una rutina llamada Suerte Pura, parecía revisar páginas seleccionadas al azar de Las Aventuras de Sherlock Holmes. Así, se volvió el primer mago en tener el honor de engañarlos dos veces en el programa.

Uno de los magos más respetados y logrados de la magia de proximidad en el Reino Unido es Michael Vincent. Tres veces ganador del premio a Mago de Proximidad del Año del Magic Circle, la presentación de Vincent del manejo de cartas es una clase avanzada de cómo un mago puede asombrar a una audiencia pequeña o grande sin nada más que un mazo de cartas. Vincent es además un orador y maestro apasionado, y el rango y la profundidad de su repertorio están inspirados en sus estudios de una larga línea de magos de proximidad y aprendizajes con algunos (como Slydini). En sus charlas, describe los años de práctica y estudios que comenzaron desde muy joven, y estando inspirado por el trabajo y las publicaciones de Marlo, Slydini, Vernon, Ortiz y otros grandes. Si bien los trucos de Vincent no engañaron a Penn y Teller en sus dos apariciones en *Fool Us*, ya que están también familiarizados con muchas de las mismas fuentes, su admiración de sus habilidades y presentación fue obvia. El aspecto más fascinante de Vincent, en mi opinión, es su manejo de sus capacidades de comunicación y presentación y cómo las utiliza de manera efectiva durante sus rutinas. Además, tuvo que hacer un esfuerzo adicional para superar una discapacidad física. En el 2011, de repente perdió la audición. Tuvo que recalibrar su abordaje por completo, comenzando por entrenarse a sí mismo a leer los labios. No solo es un mago logrado, sino que además tiene la capacidad de inspirar a la gente con su propia historia. No es de asombrarse que él haga de coach para todo el mundo, desde jefes policiales, hasta gerentes empresariales, en el arte de la comunicación, utilizando trucos de magia y efectos para demostrarlos. Además es admirador del estilo de presentación de Steve Jobs, quien sabía cómo armar las expectativas, enfocarse en los puntos clave, y mantener sus presentaciones simples y memorables, siempre entregando los bienes.

Las audiencias para las temporadas 1 y 2 de los EEUU se mantuvieron consistentemente entre 1,5 millones, hasta 2 millones. Para la temporada 5, las audiencias estaban en el rango ligeramente por debajo de los 1,5 millones, pero los fanes más leales tendían obtener sus dosis de Penn y Teller a través de medios como YouTube. Por supuesto, Penn y Teller alientan esto completamente, como exploraremos más adelante en el libro. Los magos en general odian regalar sus trucos del oficio. Penn y Teller han recibido críticas en el pasado de parte de otros magos por revelar secretos de algunos trucos populares, incluyendo la famosa rutina de "vaso y pelotas". Sin embargo, esto se está volviendo más común a medida que una gran cantidad de magos se suben al vagón, especialmente en las redes sociales y medios en línea como YouTube, Twitter e Instagram. Una revisada casual en YouTube revela una cantidad de ellos divulgando los secretos de trucos de magia populares, incluyendo los propios, en un intento de armar una audiencia. Si bien puedes discutir que Penn y Teller fueron de los primeros en darse cuenta del potencial de ser abiertos con su audiencia y compartir algo de información, otros lo están haciendo de manera mucho más y sin arrepentimientos. Además, con plataformas como YouTube en particular, cuando sea que se sube una rutina nueva en línea, la sección de comentarios debajo del video casi siempre tiene una suposición educada y casi precias de cómo se realizó el truco.

Manteniendo la Ventaja Creativa

A pesar de las demandas cambiantes en el correr de los años, Penn y Teller han logrado retener su ventaja creativa. En una entrevista con el Harvard Business Review, Penn fue bastante cándido acerca de cómo lo hicieron. Una vez por semana, se reúne con Teller en un café, abren sus laptops, y proponen ideas múltiples para trucos de magia. Después tiran abajo la idea del otro sin reparo, de esta manera asegurando que solo las mejores ideas sobrevivan y lleguen a la siguiente etapa. Esto es una lluvia de ideas clásica, seguida concurrentemente por un proceso de desarrollo iterativo de un producto nuevo. Esto también ha sido descrito como una forma de alternar entre sus roles como creadores y críticos. Al intercambiar constantemente entre estas dos perspectivas, evitan la trampa de desacreditar las ideas nuevas rápidamente, sin darles tiempo suficiente para evolucionar. Además se alientan el uno al otro a resolver el problema de cada uno, y a través de este proceso de crear-criticar, son capaces de reconciliar la pregunta general, así como idear soluciones para abordar el meollo. Para hacer esto eficientemente, tiene que haber una confianza completa entre las dos partes, y una disposición a reconocer las debilidades del método de uno. Además puede ser que dos es el número ideal para una forma tan intensa de escrutinio. En grupos más grandes, las cosas podrían rápidamente salirse de control, o no ser tan eficientes debido a la complejidad de las interacciones.

En la siguiente etapa, toman esa idea pulida que ha sobrevivido, y comienzan a adornarla, frecuentemente agregándole humor, u observándola desde un ángulo gracioso. Esto también les da una idea de cómo ocultar elementos que no quieren revelar, y les da la posibilidad de perfeccionar su presentación, y por lo tanto su comerciabilidad. En adición a su propio vaivén cuando desarrollan rutinas nuevas, además usan los servicios del mago veterano, Johnny

Thompson, para refinar aún más las presentaciones finales, o agregar modificaciones que pueden haberse olvidado. Cuando se le preguntó sin rodeos, en una entrevista con la revista Forbes, Penn reveló el secreto para el éxito. Esencialmente, se reduce a trabajar muy duro en las cosas en las cuales la mayoría de la gente no se esforzaría tanto por lograr. Esta creencia de que el trabajo que hacen es crítico, así como la capacidad de invertir una tremenda cantidad de tiempo y esfuerzo para lograr sus metas, ha sido crítico para la habilidad de Penn y Teller de confundir a sus críticos, y entretener sus audiencias. Como veremos, esta habilidad de trabajar constantemente en rutinas imperfectas con innovación que aumenta, y persistencia de períodos largos de tiempo, parece ser la marca de muchos artistas exitosos. En el Capítulo 5, desgloso algunos de los componentes de sus estrategias para el éxito.

Temporadas 3-5: Alyson Hannigan y la Mudanza para Las Vegas

La temporada 3 de *Fool Us* trajo a Penn y Teller para los EEUU y a la capital del entretenimiento, Las Vegas. Todos los episodios fueron filmados en el Rio Hotel & Casino de Las Vegas. Las siguientes temporadas (4-5) también fueron filmadas en el mismo lugar y el programa recientemente fue renovado para una sexta temporada.

Mejor conocida por su rol en la serie televisiva de Buffy la Cazavampiros, Alyson Hannigan ha sido la presentadora de *Fool Us* desde el 2016. Si bien su rol es de presentar a los magos, así como entrevistarlos después de sus actuaciones, frecuentemente se ha encontrado siendo llamada para asistir o participar durante sus espectáculos. Además es el voluntario perfecto para muchas rutinas, desplegando una mezcla de duda, nervios, y sorpresa que le trae una dimensión humana a su participación. Esto ha dado lugar a una cantidad de momentos graciosos, tanto intencionales o no, y ha consolidado su relación con la audiencia.

El mago Kostya Kimlat ofrece una visión interna de su experiencia actuando en *Fool Us* en su blog. Aunque cada acto en Penn and Teller dura solo cerca de 5-7 minutos, los artistas llegan mucho antes a Las Vegas y pasan 3 días de antemano, preparándose. El primer día, graban un bio-paquete, que incluye una toma del truco siendo realizado. Cada equipo tiene asignado un productor personal, en el caso de Kimlat, fue el productor Guy Toam y el camarógrafo Jay Sharron. Este paquete de videos se usa como una promoción para el acto, y se puede ver justo antes de la actuación en el programa terminado. En el segundo día, Kimlat se encontró con Michael Close y Johnny Thompson, dos asesores profesionales de magia que tienen la tarea de entender el truco de cada concursante, y evaluar si Penn y Teller han adivinado correctamente el mecanismo en el programa. Por supuesto, Johnny Thompson es un nombre venerado para los magos, y hay una completa confianza en su rol como un experto independiente. Los productores del programa, Andrew Golder y Lincoln Hiatt, entonces le proporcionaron consejos del arto a Kimlat así podían refinar aún más las rutinas. Conociendo el agrado de Penn y Teller hacia la magia de proximidad, cuando decidía por una disposición en la mesa, Kimlat quería estar lo más cerca posible de ellos así las cámaras podían capturar sus reacciones.

Todos los episodios de la temporada son grabados en dos semanas, sin un orden en particular. Después son unidos con ediciones posteriores para crear un episodio más largo. Penn y Teller no tienen permitido ver los ensayos, así que tienen dobles en su lugar. Finalmente, la filmación comienza después del día 3. Una observación interesante que puedes haber hecho relacionada con lo previo, es que Penn, Teller y Alyson Hannigan usan los mismos atuendos en el correr de cada temporada. La razón de esto es simple, dado que las actuaciones son grabadas en bulto, así dándoles a los editores la opción de elegir la secuencia de rutinas en cada episodio del programa, como les parezca adecuado. Por lo tanto, lo que puedes estar viendo en un episodio emitido, puede de hecho ser una selección de actuaciones de distintas sesiones de grabación.

Aunque una aparición en *Fool Us* les da a los magos entre cinco y ocho minutos para completar sus actuaciones, ese tiempo puede literalmente cambiar sus vidas, en especial si logran engañar a Penn y Teller, pero también si fueron capaces de ofrecer una actuación única y memorable. Una actuación exitosa en *Penn and Teller: Fool Us* no solo es una medalla de honor; también les da a los magos (tanto los profesionales como los novatos desconocidos) la posibilidad de crear conexiones nuevas, alcanzar una audiencia internacional, y crear más ruido y consciencia entre clientes potenciales. Como hemos visto anteriormente, una cantidad de artistas que han aparecido en el programa han visto que sus carreras literalmente cambiaron debido a la experiencia. Shin Lim, Ryan Hayashi, Vinny Frosso, Kostya Kimlat y otros han descrito cómo simplemente tener la oportunidad de actuar en el programa es un gran motivador, y en cambio las ha impulsado a trabajar duro en mantener sus actuaciones siendo únicas y memorables.

Si bien el formato del programa sugeriría que *Fool Us* es un programa de talentos, Penn y Teller son muy vehementes con que es cualquier cosa menos eso. Han profesado su intenso desagrado por los programas de talento en la televisión, principalmente porque los jueces de estos programas pueden no ser los más calificados. También se pierden de juzgar a talentos nuevos simplemente por ser demasiado novedosos o distintos. Por lo tanto, cuando construyeron *Fool Us*, aseguraron que nunca serían juiciosos acerca de los actos de magia en su programa, ni darían comentarios acerca del potencial empresarial futuro de los artistas. El criterio exclusivo para juzgar los actos sería si en ese momento, lograron engañar al dúo. Por lo tanto, Penn y Teller en sus roles no son exactamente jueces, sino que podemos pensar en ellos como expertos en el asunto que tienen una oportunidad de descifrar el truco que se realizó. Esto crea un campo de juego nivelado para todos los artistas, y mantiene el juego interesante también para la audiencia. Ellos también disfrutan particularmente de las interacciones con los magos después del programa, donde sus invitados frecuentemente comparten nuevas ideas y comparan anotaciones. Algunas de estas entrevistas detrás de cámaras son subidas a YouTube, donde los fans siguen el rastro de los procesos. Penn Jillette compara esto con que los músicos compartan y comparen ritmos con otros magos, lo cual puede ser una manera divertida de aprender cosas nuevas de tus pares. Esto también crea el sentido para los magos participantes, que a pesar de las rivalidades intensas, todos son parte de una comunidad profesional, donde la camaradería y la diversión pueden ser tan importantes como la competencia.

Capítulo 5: Lecciones Claves para el Éxito

"La magia es una manera muy económica de sorprender a la gente. Todo lo que haces es mentir hábilmente con tu cuerpo o con tus palabras. No requiere de grandes piezas de escenografía o coros de personas desnudas con plumas. Si mantienes bajos tus costos, puedes sobrevivir incluso en tiempos difíciles."
—Teller

"Creo que si te preocupa mantenerte en la vanguardia, es menos probable que te encuentres con ella. Para tener cualquier oportunidad en la innovación, tienes que comenzar con la pasión."
—Penn Jillette

La Creatividad y Buscando Desafíos Nuevos

Jillette cree que la clave para una actuación entretenida puede ser la pasión o pura competencia técnica. En su experiencia, dice que rara vez ha visto ambas cosas en la misma persona, pero esa es la excelsa meta a la cual apuntar. En el libro, *How to Persuade People Who Don't Want to Be Persuaded* (Cómo Persuadir a Gente que no Quiere ser Persuadida), los autores revelan cómo los persuasores en el tiempo han usado habilidades cuidadosamente desarrolladas para convertir incluso al incrédulo más ferviente. Entre sus atributos claves: un enfoque estrecho, entender el proceso decisivo en la mente de la persona a quien estás intentando persuadir, ser capaz de leer señales que delaten, persistencia (y optimismo) extrema, crear un vínculo emocional con la audiencia, atención personalizada (saber el nombre de tu sujeto realmente ayuda), y una creencia que ningún desafío es demasiado difícil de lograr. Los magos exitosos han dominado a la mayoría, si no a todas estas técnicas, y realizan sus rutinas con fluidez y precisión. Penn y Teller siempre han sobrepuesto el éxito artístico por encima del éxito financiero. Al no comprometer sus valores e intereses artísticos, se aseguraron de que sus actos mantuvieran su integridad. Este abordaje también les ha permitido mantener su exposición creativa en el correr de un largo período de tiempo, y mantenerse fieles a sus raíces como creadores de magia, además de ser los exponentes líderes del arte.

Teller siempre ha estado interesado en el teatro, y dirigió en conjunto una producción de Macbeth, de Shakespear, primero en el Folger Shakespeare Theater en Washington D.C., y después en The Yard en el Chicago Shakespeare Theater. Esta producción, descrita como un thriller de horror sobrenatural, fue extremadamente bien recibida, debido a la manera en que fue concebida, y el impacto de sus efectos especiales, derivados principalmente de adaptaciones mágicas de Teller. Teller y el director Aaron Posner se mantuvieron fieles al libreto – esto significó hace apariciones saliendo de calderos, así como dagas flotando por el aire, así como estaba descrito en la obra original. Si bien la idea de usar efectos especiales para la magia en el teatro es nuevo ahora, hay actualmente un resurgimiento. Los magos están nuevamente obteniendo más oportunidades para realizar magia teatral y narrativa en películas y obras. Esto permite que obras nuevas construyan personajes y narrativas y que los magos trabajen con los directores y diseñadores de vestuario como parte del equipo de desarrollo. Teller ha colaborado con el director Aaron Posner para incorporar la magia en dos renovaciones de los trabajos de Shakespear, La Tempestad, cuyo paisaje mágico se presta muy bien para una intervención del estilo. Nathan Allen, director de *Death and Harry Houdini* (La Muerte y Harry Houdini) del House Theatre of Chicago, ha dicho que un truco de magia bien ejecutado puede unir a las audiencias en el asombro. Este espectáculo recrea varios de los actos característicos de Houdini en un ambiente teatral íntimo, con un pequeño elenco de siete participantes. Allen quería que la magia en el espectáculo fuese una experiencia social, y ha descubierto que puede funcionar particularmente bien en espacios pequeños en los cuales la audiencia se siente parte de un grupo selecto. Esto además aumenta la intimidad entre los espectadores y las hazañas recreadas de Houdini que son realizadas sobre el escenario. Allen planea los actos basándose en el tamaño de la habitación en la cual los realizarán y el actor que interpreta a Houdini, el mago Dennis Watkins, tiene que planificar cómo hacer que ocurra. Los trucos del escenario a menudo tienen que ser rediseñados para caber en habitaciones más pequeñas con audiencias próximas. En sus principios, el presupuesto para la producción era muy bajo, antes de que los espectáculos exitosos comenzaran a aumentar el presupuesto operativo, ofreciéndole más lugar al equipo de producción. Varios actos fueron agregados y recortados para encajar en la temática narrativa del espectáculo. Por ejemplo, producir palomas fue rechazado porque no le sumaba a la historia, mientras que una escena acerca de Houdini presenciando a su padre siendo cortado a la mitad con una sierra, fue agregada. Tanto Allen como el artista de San Francisco, Christian Cagigal buscan usar la magia para sumarle a una narrativa y construir una respuesta emocional durante el relato. La meta de Cagigal es hacer que la magia sea para la narración, lo que las canciones son para el teatro; un medio para el desarrollo, y un accesorio importante para disfrutar del espectáculo. Hay una gran diferencia entre un mago independiente realizando un acto de magia de salón, en contraste con una producción colaborativa de teatro que depende de un equipo de talentos. No es necesario decir que el segundo necesita de mucho más trabajo en equipo y colaboración, pero les permite a los artistas refinar la escala y complejidad de la producción, ya sea presentada en un ambiente íntimo de teatro, o en un ambiente enorme de entretenimiento, con miles de asientos.

Una de las ilusiones más populares en ser concebidas en toda la vida, fue usada por primera vez en una producción teatral del cuento de Charles Dickens, *El Hechizado*. Esta ingeniosa ilusión óptica, desarrollada en el Polytechnic en Londres en los 1860s (ahora conocido como el Royal Polytechnic Institution), fue llamada el "Fantasma de Pepper". Una figura fantasmal, tridimensional aparecía en el escenario, con la capacidad de moverse y atravesar objetos sólidos. Sin que la audiencia lo supiera, existía otra habitación adyacente al escenario, y las acciones ocurriendo allí eran proyectadas en el escenario usando la ubicación correcta de una hoja transparente de vidrio. En el caso del fantasma de Pepper, esta habitación estaba debajo del escenario, pero también funciona con la habitación en el mismo nivel, situada en el ángulo correcto. Este efecto observado es similar a nuestra experiencia cuando vemos los contenidos de la habitación en la cual estamos, reflejados en el vidrio de una ventana, mientras que a la vez, también vemos la escena de afuera de la ventana. Esto se debe a que el vidrio puede reflejar y retransmitir la luz bajo ciertas condiciones. La técnica subyacente que se usa hasta la actualidad y que puede ser vista en la exhibición de la Mansión Embrujada, así como en una aparición del Hada Azul en Pinocchio's Daring Journey (El Osado Viaje de Pinocho) en Disneylandia en Anaheim, California. Cuando el Fantasma de Pepper estaba en su apogeo en el Polytechnic, fue una sensación y atrajo un flujo continuo de visitantes.

Efecto del Fantasma de Pepper

(Reproducido de "Illusions optique," *Le Magasin* (1869): 284.)

El Polytechnic fue establecido en 1838 como una empresa privada con el objetivo de diseminar el conocimiento científico y tecnológico al demostrar la arquitectura y los mecanismos subyacentes de los objetos y las tecnologías en exposición. Era conocido por sus exhibiciones de Linternas Mágicas, un tipo de técnica de proyección que fue uno de los predecesores del proyector de diapositivas de la actualidad. La gente venía de todas partes para disfrutar de una exhibición como esta, un contraste enorme con la actualidad donde uno puede ver maravillas más avanzadas estando sentado en la casa. Uno de sus inventos más antiguos, la Esfinge, también disfruto del éxito generalizado. Típicamente, se llevaba una caja pequeña hasta el escenario, y se colocaba sobre una mesa. Pronto, una cabeza utilizando una toca egipcia aparecía sobre la mesa. Esta esfinge sonreía, miraba a sus alrededores y respondía preguntas. El efecto sobre los espectadores era uno de sobresalto y asombro. El artilugio sencillo dependía de espejos debajo de la mesa, que ingeniosamente ocultaban el cuerpo de la esfinge, de esta manera creando una ilusión convincente de una cabeza desmembrada sobre la mesa. Un espectador especuló que la voz de la esfinge venía de otra habitación, mientras que la cabeza, creía, obviamente había sido decapitada, y no sobreviviría más de un par de minutos. El Fantasma de Pepper usaba un efecto más elaborado que requería de una preparación previa considerable e instalación y pruebas adecuadas. El Polytechnic se volvió un lugar notorio a donde las audiencias iban a ser educadas acerca de las maravillas tecnológicas de su época, y podían pensar en el funcionamiento de todo, desde el flash de las fotografías, hasta los modelos tempranos de las máquinas de escribir, los teléfonos y los micrófonos.

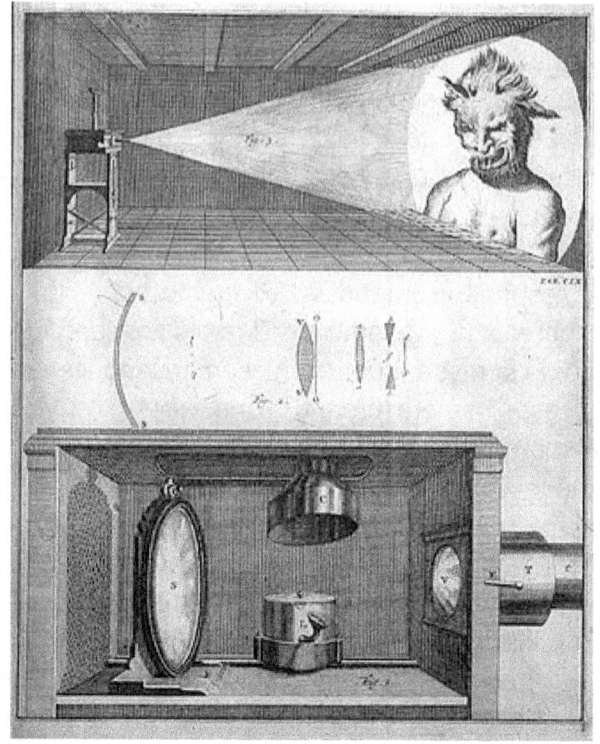

Una Linterna Mágica proyectando un monstruo
(Reproducido de *Physices Elementa Mathematica*,
publicado por Willem Gravesande en 1720.)

Similar al Polytechnic, París fue el sitio del Boulevard du Temple en los 1860s, el destino para encontrar espectáculos de magia, el poder ver visiones fantasmales logrado a través de ilusiones ópticas, y exposiciones de ciencia y física. Fundado por Henri Robin, este 'teatro científico' les presentaba a las audiencias los últimos desarrollos en varios campos, incluyendo la arqueología, geología y astronomía. Siguiendo la tradición del Théâtre-Robert-Houdin, fundado en los 1840s, el Boulevard du Temple mezclaba ingeniosamente las fronteras de ciencia y magia, y atraía a las audiencias a las que les gustaba lo 'misterioso y maravilloso'. A través de estos esfuerzos, los desarrollos en la magia tanto en Londres como París, dieron lugar a la popularización de la ciencia y tecnología, incluso si los límites entre lo real y lo fantástico estaban algo borrosos por la causa del entretenimiento público. En el correr del siglo XIX, la magia así

126

contribuyó con la urbanización y el oficio del mago recibió importancia y respeto.

En décadas recientes, la tendencia de incorporar el pensamiento mágico se ha volcado del drama y el teatro hacia la América corporativa, particularmente en el área de crear experiencias únicas para los clientes. El desafío para las empresas basadas en los servicios, en particular, es la necesidad de crear productos y servicios inspirados y creativos que sean completamente nuevos, pero que se sientan completamente naturales y obvios para un usuario novato. Esto es similar a la idea del mago pasando años perfeccionando un truco, pero que cuando la audiencia lo ve, aparenta ser tan natural, que no ves el equivalente del esfuerzo que llevó perfeccionarlo con el tiempo. Como el coach en creatividad, Aran Rees, señala, si el producto creativo se siente sencillo, las audiencias pueden subestimarlo. Pero las empresas inteligentes como Apple y Disney son capaces de usar la sobreactuación y extravagancia para crear una sensación de asombro, creando así las condiciones necesarias para que sus clientes paguen precios Premium por sus ofertas aparentemente sencillas, pero extremadamente creativas. Las empresas orientadas a los servicios, en particular, están prestando atención nuevamente a la sobreactuación, y por extensión, el arte de la magia, para crear experiencias que deleiten a sus clientes. Esto es porque la experiencia del consumidor es el centro de su modelo de negocios, en lugar de las instalaciones físicas y la infraestructura, o el producto en sí. No es coincidencia que una de las propiedades más premier de Disney se llame el Magic Kingdom, y tiene el eslogan agregado de 'El Lugar Más Mágico en la Tierra'.

La persistencia compensa, en especial si eres obsesivo

El ámbito de la magia es tierra fértil para la gente que es extremadamente persistente y capaz de superar las adversidades. Hay ejemplos famosos como el mago argentino, René Lavand, que se volvió uno de los exponentes líderes de Europa, a pesar de perder una mano en un accidente durante sus niñez; Matthias Buchinger, nacido sin manos ni pies, pero que se volvió el 'Mejor Alemán que Vive', hasta, en nuestros tiempos, Richard Turner, quien puede "ver" todas las cartas que está dando a pesar de ser literalmente ciego. Turner, un autoproclamado mecánico de cartas, tiene prohibido entrar a cualquier casino porque literalmente rompería la casa. Mira una de sus actuaciones para contemplar los profundos misterios del talento y las habilidades del humano. Los dedos de Turner son tan sensibles que pueden detectar los niveles de humedad en las cartas que las computadoras generalmente no notan. Está en retención con The United States Playing Card Company, quienes le envían muestras de sus mazos de cartas para que los pruebe, a cambio de sus servicios, le envían todas las cartas que él quiera. En una charla motivacional clásica, combinada con espectáculo de magia con cartas, recientemente desafió a un auditorio lleno de estudiantes inteligentes del MIT y dejó a la mayoría boquiabiertos. Además, Turner es un solicitado orador motivacional y un cinto negro de nivel cinco, a pesar de su discapacidad. Mahdi Gilbert, un mago canadiense que nació sin pies ni manos, apareció en la tercera temporada de Penn and *Teller: Fool Us*. Su actuación del truco de cartas de *Aceite y Agua* le ganó el codiciado trofeo de *Fool Us* y un viaje a Las Vegas. Gilbert dice que no hay libros de magia escritos para él, por eso asumió la responsabilidad de crear trucos que él pudiera realizar. Y después están las personas como David Copperfield, quienes tienen la audacia de imaginar trucos ambiciosos como hacer desaparecer la Estatua de la Libertad o atravesar la Gran Muralla China – y después realizarlos. En una línea similar, el popular mago indio, P.C. Sorcar hacía que desapareciera el Taj Mahal usando una ilusión óptica. Cuando se le preguntó si era un científico para poder realizar tal hazaña, respondió tranquilamente, "La magia y la ciencia son lo mismo". Un día en la vida de un mago trabajador.

Penn y Teller pueden tener un presupuesto más pequeño que el de Copperfield, pero no son negligentes. Penn, por ejemplo, ha dicho que no quiere retirarse a una rutina estándar y "jugar al golf", sino que prefiere continuamente estar desarrollando material nuevo. Teller es incluso aún más meticuloso y obstinado, y va a extremos extraordinarios para hacer que suceda un truco. Para una aparición en David Letterman, Teller comenzó por realizar una serie de trucos que involucraban un sobrero de copa que no lograban impresionar al presentador (por gusto). Para el gran final, lograba tirar el sombrero sin miramientos en la mesa de Letterman, revelando 500 cucarachas vivas que enseguida comenzaron a correr por todo su "espacio de trabajo". Para poder lograr este efecto, Teller invirtió meses de preparación que incluyeron contratar a un entomólogo que le pudiera ayudar a hacer que las cucarachas se movieran más lento de lo normal, y quien además le enseñó cómo podían ser manipuladas sin ponerse incómodo. Construyeron entonces una partición central de espuma en el sombrero de copa – un material de los pocos a los cuales los insectos no se pueden prender, haciendo así que todos cayeran sobre la mesa. El valor de asombro (para Letterman y la audiencia en el estudio) hizo que valiera la pena. Los magos van a cualquier extremo para crear un impacto inolvidable. David Copperfield ha hablado de cómo invierte hasta cinco años (y mucho dinero) para perfeccionar un solo efecto, constantemente trabajando en ello hasta que esté listo para el escenario. Los esfuerzos realizados por David Blaine para perfeccionar sus trucos de resistencia son una leyenda. Esto parece ser una característica común entre los magos profesionales exitosos, donde simplemente no abandonan sus esfuerzos para desarrollar un mejor efecto, en algunos casos durante décadas, ya sea para superar una barrera física o simplemente crear una experiencia más mística para su audiencia.

Otro gran ejemplo de persistencia se puede ver en la realización del truco de la Pelota Roja, de Teller. La rutina comienza con Penn anunciándole a la audiencia que solo es un truco realizado con hilo. Un efecto adaptado de un truco de pelota flotante propuesto por David Abbott, Teller manipula una pelota roja por el escenario, que aparentemente actúa bajo su comando. Teller pasó casi once meses perfeccionando este truco, y se dio cuenta que podía ser una novedad hacer un truco de pelota flotante para una pelota que no flota. Bajo la sugerencia de Johnny Thomspon, al globo se le dio una personalidad, como la de un perro obediente. Esto humaniza la actuación, y crea exitosamente un vínculo emocional con la audiencia aunque no se hable una sola palabra. En la actuación real en el programa, Penn termina el truco cortando el hilo en el escenario y revelando el truco. El efecto de este truco igual es asombroso, incluso sabiendo que la pelota puede ser controlada por un hilo. De hecho, la belleza del truco es que no importa que sepas el método, un truco bien ejecutado igual puede engañar a la mente, siempre y cuando la historia y presentación son casi perfectas.

Como explicó Teller en una entrevista con The American Life, es imposible evaluar un truco de magia si está incompleto. Necesita ser perfecto antes de que puedas notar si es bueno o no, a diferencia de otras artes donde los errores o las imperfecciones se pueden ocultar fácilmente. Como dice sucintamente, "La magia es una forma fantásticamente meticulosa… la magia es un interruptor de encendido. O se ve como un milagro, o es estúpida". Una lección de este abordaje es que incluso durante el proceso del prototipo, los desarrolladores del producto pueden estirar sus habilidades al máximo e idear no solo otra iteración, sino algo que sea fundamentalmente nuevo. Al apuntar hacia la perfección en cada una de las etapas, la probabilidad de tener un producto "perfecto" o casi perfecto al final, aumentará. Esta noción también se aplica para la comunicación personal y las habilidades de presentación. Una presentación terminada donde todos los defectos han sido refinados con la revisión y práctica es mucho más dramática y efectiva que una que sigue siendo un trabajo en desarrollo. Las sesiones de práctica pueden ocurrir a solas, o con amigos cercanos o colegas, hasta que esté listo para el horario estelar delante de un grupo más grande. La clave para el éxito en ambos casos es la preparación y la práctica, y tomarse el tiempo de hacer mejoras pequeñas y continuas durante el proceso. Cuando se entrega el producto final, o se hace la presentación final, tendrá más chances de verse tanto perfecto, como sencillo. Así es cómo funciona la sorpresa.

Cuando se trata de la persistencia y persecución firme de un objetivo, el abordaje de David Blaine para romper un récord de resistencia ofrece algo de información. Para muchas actuaciones, pasa meses, si no años, entrenando, mientras que experimenta con técnicas nuevas que le ayudan a lograr sus objetivos. En una charla TED fascinante, revela cómo entrenó para un intento de resistencia que involucraba la mayor cantidad de tiempo aguantando la respiración. Siendo un niño con asma y sin ventajas físicas, aprendió a una edad muy temprana a empujar su resistencia para demostrarse que podía competir con sus amigos más atléticos. Después de experimentos extenuantes en su propio cuerpo, múltiples desmayos en los cuales necesitó ser revivido por profesionales médicos, y fracasos en público, continuó en su cruzada. A través de su dedicación extrema (y algunos dirían que fanática), Blaine es capaz de superar el dolor físico, la humillación, el rechazo y fracaso, mientras se mantiene fijo en el premio. Blaine al final rompió el Récord Guinness por aguantar la respiración bajo el agua, con un tiempo de 17 minutos y 4,5 segundos, en una aparición en el Oprah Winfrey Show. En el verdadero estilo Blaine, también se preparó obsesivamente para la charla TED, encerrándose en una habitación de hotel mientras que componía y reescribía sus notas en un mazo de cartas.

Capacidad de mirar más allá de lo inmediato

Muchos artistas e intérpretes, en especial después de un éxito temprano, tienden a salirse de la manera fácil, ya sea dejando de empujar sus límites personales o los de la profesión, o acostumbrándose a las trampas de su éxito. Penn y Teller han estado a la vanguardia al predecir tendencias futuras y cambios sociales. Han logrado esto al invertir en su oficio y práctica, evitando los atajos fáciles, y al no comprometer sus estándares. También se han mantenido firmemente enfocados en su magia, en lugar de las gratificaciones materiales que puedan resultar de ella. Usando una analogía empresarial, han sido extremadamente diligentes en enfocarse en los proyectos inmediatos que necesitan de su atención para el éxito diario, así como en considerar las oportunidades nuevas en el canal que puedan llevar a un mayor crecimiento. Haciendo ambas cosas correctamente les permite invertir en sembrar las nuevas oportunidades que sostendrán su franquicia futura. Como Geoffrey Moore, autor del éxito en ventas, *Crossing the Chasm* (Cruzando el Abismo), señala, "Como los buenos granjeros, los gerentes ven que deben simultáneamente cosechar lo actual, preparar el suelo para la siguiente temporada, e investigar las cosechas nuevas para el futuro". Ya sean gerentes en organizaciones o magos que buscan construir una carrera a largo plazo, las lecciones parecen ser universalmente aplicables. Este abordaje de una creencia fuerte en el aprendizaje durante toda la vida, y la voluntad de constantemente reexaminar las suposiciones que uno tiene, mientras hace mejoras continuas a las técnicas y presentaciones.

Los magos emergentes de la actualidad enfrentan una situación de Catch-22, a medida que encuentran mayores desafíos al establecerse en el panteón de grandes artistas, también tienen la capacidad de sacar partido a las innovaciones que muchos artistas del pasado solo podían haber soñado. La capacidad de estudiar y devorar el entrenamiento en la forma de charlas y videos de alrededor del mundo con solo un clic, la chance de leer e interactuar con una audiencia internacional mientras refinan sus habilidades, y recibir reseñas casi instantáneas y aliento de los pares y fans son todas posibilidades a las que pueden acceder. Esto puede también ayudarles a crear una marga, aumentar el conocimiento de sus actuaciones, y posiblemente abrir nuevas oportunidades en el mercado, tanto en los ámbitos físicos como digitales. Para la parte de la autopromoción de sus habilidades, ahora pueden agregar la edición de videos, podcasts, redes sociales, y el mercadeo viral. Por supuesto, algunas de estas habilidades pueden ser terciarizadas, dependiendo del tamaño de la empresa, pero para muchos magos profesionales que comienzan como emprendedores individuales, mucho de esto se basa en una inversión personal de tiempo y esfuerzos. Estas ahora se han vuelto todas habilidades esenciales que tienen que dominar para su éxito personal. Esto no es distinto a cualquier otra área de emprendimiento, donde los emprendedores buscan dejar su marca, pero en el caso de la magia, se hace más emocionante ya que comienza con una sola persona y su visión única.

El mago Joshua Jay enfatiza que los magos que están comenzando deberían primero enfocarse en la magia antes de preocuparse por los prospectos de negocios. Cree que necesitan pasar al menos diez años perfeccionando su arte, haciéndolo el foco central, y cuando las habilidades y materiales realmente únicos hayan sido desarrollados, pueden pensar en el mercadeo o en construir una marca. Sin embargo, ve a muchos magos jóvenes de la actualidad pensando solo en su marca, enfocándose intensamente en los 'me gusta' de las redes sociales y sus seguidores en lugar de pasar tiempo en llevar a su arte al siguiente nivel. Parte de la razón de esto puede ser que hay una presión enorme para mantener el paso con lo que se percibe cómo la mejor práctica, y los nuevos no quieren quedarse atrás. En su experiencia, Jay dice que los magos más monetariamente exitosos que conoce, sin excepción, son aquellos que pasan mucho menos tiempo pensando en el mercadeo, y mucho más tiempo enfocados en cómo pueden mejorar su oficio y empujarse artísticamente.

Dominando el Control y la Improvisación

Hay muchas rutinas en la magia que son clasificadas como auto-funcionales. Se usan típicamente en la magia con cartas, mentalismo, o trucos matemáticos, la producción de los efectos depende puramente en seguir un proceso estándar, y puede ser repetido por cualquier miembro de la audiencia. Estos trucos auto-funcionales no requieren de ningún tipo de habilidad especial de parte del mago; son esencialmente infalibles. Las ilusiones ópticas, ciertos efectos científicos, y trucos con números también caen dentro de esta categoría. La audiencia termina descubriendo una característica única de un fenómeno natural, o descubriendo un efecto que siempre es cierto, pero que antes desconocían. Un ejemplo clásico de un truco de cartas auto-funcional es la rutina del "13 Mágico". Se le pide a un espectador que corte un mazo de cartas 13 veces, y el mazo entonces es dividido en 13 pilas distintas. Cuando estas pilas son examinadas, se descubre que cada una de ellas contiene cartas del mismo valor. Si bien es asombroso, esto es un principio completamente natural. Si el mazo originalmente estaba puesto como un mazo nuevo, con todas las cartas en orden, este es un truco auto-funcional, ya que las cartas siempre terminan a trece lugares una de la otra, de esta manera separándose en pilas de cartas de valor similar.

Sin embargo, la mayoría de las rutinas en la magia artística no son auto-funcionales, sino que involucran las habilidades y la intervención del artista. No solo requieren conocimiento completo de los trucos subyacentes, sino la capacidad de ejecutarlos exitosamente. Los magos exitosos, por lo tanto, tienen otra característica que tienden a perfeccionar con años de práctica: son extremadamente buenos tejiendo entre los modos de control completo e improvisación de emergencia. Estos son dos puntas contradictorias del espectro con el cual el mago tiene que lidiar constantemente, ya sea en actuaciones de proximidad, u ofreciéndole un espectáculo a una gran audiencia. Por un lado, no es necesario decir que tienen que ser capaces de controlar todos los aspectos críticos de los trucos que están realizando, y esta capacidad se obtiene a través de la experimentación constante, entrenamiento y práctica, y años de experiencia realizando la rutina. Pero casi todos los trucos tienen algún elemento que podría potencialmente salir mal, haciendo que sea mal ejecutado, resultando en una vergüenza como mínimo, o directamente un fracaso, en el peor caso. Los magos están conscientes de la tensión que existe entre tener control completo, mientras se da la impresión de que la actuación misma es sencilla. Para poder prevenir o al menos minimizar la posibilidad de ese fracaso, también tienen que saber cómo improvisar para salirse de situaciones complicadas. Frecuentemente, los trucos tienen resultados múltiples, en el sentido de que al menos una parte del efecto puede ser rescatada al elegir una ruta alterna en el caso de un error. Es aquí donde su propia confianza en sí mismo, anticipación y práctica previa, y afinidad con la audiencia juegan un rol crítico. En el caso de Penn y Teller, su fuerte interacción con la audiencia, y la capacidad de explicar para salirse de cualquier problema a través del humor juegan un rol enorme en ayudarles a retener el control sobre su presentación. En el caso de David Blaine, hay varias instancias en las cuales ha tenido que improvisar y reaccionar a cambios durante la actuación. Por ejemplo, un miembro de la audiencia puede malinterpretar las instrucciones durante un truco de cartas, o no recordar una carta elegida, obligando al mago a que se le ocurra un final alternativo. La capacidad de pensar rápidamente sobre la marcha, por lo tanto, es una cualidad valiosa para todo mago.

Disposición a abrir la plataforma y reconocer a los demás

El éxito de *Fool Us* demuestra claramente la habilidad de Penn y Teller de abrir su plataforma para todos los ingresos, inspirando así al aficionado promedio y los profesionales endurecidos, a que aparezcan en su programa. ¿Por qué es importante esto? Penn y Teller, a diferencia de otros actos en Las Vegas, han creado una plataforma del entretenimiento para los talentos nuevos. Todo otro programa se enfoca únicamente en el artista individual en la marquesina. En contraste, el programa de Penn y Teller es más igualitario. Han llegado a un nivel donde no necesitan demostrarse delante de los ojos de su audiencia, ni de sus pares. Ryan Hayashi los describe como los "grandes caballeros de la magia" que han asumido la responsabilidad de propagar la biblia de la magia a través de sus esfuerzos. A través de esta plataforma única, están conectando a las audiencias con estrellas que de otra manera no hubiesen atraído atención alguna. También han creado estrellas nuevas al solo darles una oportunidad igualitaria de actuar sobre su escenario. En un intercambio humoroso durante la aparición de seguimiento de Shin Lim en *Fool Us*, por ejemplo, Penn menciona cómo los fans que los abordaban en los aeropuertos parecían estar más interesados en hablar acerca de Lim, que en Penn y Teller. Los magos establecidos ahora pueden reforzar su conexión con una audiencia global, mientras que los magos nuevos pueden ser descubiertos. Como hemos visto anteriormente, en algunos casos, una aparición única en *Fool Us* ha alterado dramáticamente la trayectoria de los artistas.

El Magic Castle, al cual hemos hecho referencia anteriormente, es un paraje obligatorio para cualquier aspirante a mago o aficionado. Los magos van a allí para aprender, actuar, y ser entretenidos por sus pares. Establecido en 1963 como un club privado en Los Ángeles, el Castle hacía alarde de regulares como Cary Grant, Orson Welles, y Johnny Carson. A pesar de una desaceleración en el negocio debido a la prominencia en aumento de los efectos especiales en las películas, las fortunas del Magic Castle mejoraron después de que el actor Neil Patrick Harris asumiera el rol de Presidente en el 2008. Todos los que visiten el Magic Castle deben susurrarle una contraseña a una escultura de un búho para poder ingresar. Representa la magia de clubes en un ambiente formal y clásico. Hay varios ambientes allí donde los magos pueden actuar: La Galería de Proximidad, El Salón de la Prestidigitación, y un escenario grande en el Palacio del Misterio. Además hace alarde de una habitación de séance y un piano tocado por un fantasma, que recibe solicitudes. Además es un restaurante con barras múltiples esparcidas por allí. Una larga lista de artistas impresionantes han cautivado a las audiencias allí, comenzando con el experto en prestidigitación, Dai Verner. Jason Alexander, quien interpretó a George Costanza en Seinfeld, actuó allí durante una semana, con grandes elogios, pero puso su carrera mágica en espera y la cambió por la actuación. Interesantemente, la gran mayoría de los artistas han sido hombres, pero eso podría cambiar con el aumento exitoso de artistas mujeres en el ámbito. Como una institución, el Magic Castle ha tenido un enorme impacto en la evolución del campo. Les ha proporcionado un santuario a los miembros de la comunidad mágica, ya sea para recargarse, aprender trucos y técnicas nuevas, o para demostrarles sus esfuerzos a sus pares en una audiencia apreciativa. Para los miembros del público, tiene cierto encanto. Para poder ingresar a este mundo, tienes que conocer un miembro, comunicarte de antemano con un mago que estará actuando allí, volverte un miembro o utilizar tu billetera para quedarte en el hotel y comprar una foto de suvenir. Y por supuesto, si logras entrar, definitivamente debes estar vestido formalmente. Muy recientemente, el Magic Castle comenzó a publicar grabaciones de actuaciones en línea, y estas han sido muy exitosas en la audiencia internacional.

Los magos han dependido desde hace mucho en las plataformas y comunidades como el Magic Castle para intercambiar conocimiento y mejorar sus habilidades. Reconocen los beneficios de compartir su conocimiento a cambio de aprender una técnica o truco nuevo al cual podían desconocer. En cualquier ámbito donde haya una necesidad de novedad e innovación, es inevitable que dichas plataformas (sean abiertas o semi-abiertas) sean creadas y sustentadas. Tenemos la imagen romántica del inventor solitario analizando un problema antes de que se le ocurra una idea nueva, pero la realidad es que la innovación generalmente es una búsqueda compartida, y los descubrimientos generalmente ocurren cuando hay un cuerpo de conocimientos lo suficientemente compartido. A medida que crecen la popularidad y el alcance de la magia, las plataformas mismas están siendo sometidas a un cambio rápido. Programas como *Penn and Teller: Fool Us* y la franquicia de *Got Talent* parecen haber sido los conductores y beneficiarios tempranos de la tendencia, pero es probable que vayan a haber más ambientes donde estos talentos puedan ser desplegados. Otro aspecto importante que se debe considerar en todos estos foros es la capacidad de los magos de probar sus ideas con audiencias reales. Esta capacidad de constantemente recibir retroalimentación en tiempo real de observadores reales o clientes es muy importante cuando se trata de mejorar los efectos presentados. Además les da la capacidad de refinar la presentación y entrega a través de dicha interacción repetida. De manera similar al ambiente neutral de una universidad, también es una oportunidad valiosa para que los expertos transfieran un poco de su conocimiento a los estudiantes y profesionales nuevos, asegurando así la continuidad de la disciplina.

Promoviendo la magia e inspirando a los jóvenes

Una cantidad de los artistas en Fool Us explícitamente menciona cómo mirar una presentación de Penn y Teller en el pasado, o verlos en la TV, tuvo un impacto duradero en sus vidas. Algunos de ellos fueron lo suficientemente inspirados como para volver la magia su vocación, y haber pasado el resto de sus vidas mejorando sus habilidades a medida que se vuelven magos profesionales. Uno de los magos que recuerdo haber sido inspirado por Penn y Teller es Kostya Kimlat, que los engañó con un truco elaborado de cartas que dejó a Penn humeando. Allí procedió a darle a Kostya el mejor halago que un mago puede darle a otro, "¡Te odio!" Como Penn y Teller, Kostya, un artista talentoso que principalmente trabaja con audiencias empresariales, tiene una teoría de por qué la magia puede ser tan inspiradora, en especial para los jóvenes, y quizás también para los adultos hastiados. Al aprender magia, cree que uno desarrolla una cantidad de habilidades que pueden ayudar en nuestras vidas diarias. Estas incluyen: ver un problema desde un punto de vista ligeramente diferente, la capacidad de hablarle y presentar delante de una audiencia, y habilidades físicas como la destreza y coordinación entre la vista y las manos. Armado con estas habilidades nuevas, uno entonces puede literalmente "abrir los ojos" a las nuevas posibilidades. La magia en particular tiene una gran capacidad para inspirar las mentes jóvenes, en especial cuando descubren que pueden realizar algunos trucos básicos con algo de práctica. Y cuando se ha encendido la chispa, hay muchos recursos disponibles para continuar en la cruzada.

En las publicaciones del blog en las que documenta su visita a Las Vegas, Kostya Kimlat proporciona una excelente visión interna en el proceso de aparecer en *Fool Us*. En el día de la actuación, le menciona casualmente a Johnny Thompson, el mago legendario cuya invitación lo trajo a actuar, que pasó la siguiente tarde paseando por el Jardín

Secreto y Hábitat de Delfines de Siegfried y Roy, Thomspon le pregunta casualmente, "¿Y conociste a Siegfried?" Resulta que no solo lo conoció Kostya, sino que además tuvo una larga conversación con él y terminó también con un autógrafo. Los magos parecen tener una afinidad natural para quedarse esperando, y hablar con sus audiencias en ambientes formales e informales. A través del proceso, están constantemente aprendiendo, enseñando y construyendo un vínculo con sus fans.

Penn y Teller han descubierto un campo interesante para lograr cumplir su meta de traer la magia hacia la vida de las personas: ¡la mercadería! Han desarrollado un kit de trucos de magia que se puede comprar e incluye efectos que pueden ser realizados por los aspirantes a magos de todas las edades. Frecuentemente también dan kits de premio en su programa de TV. Producido exclusivamente para ellos por Royal Magic of Chicago, este kit fabricado en los EEUU, incluyen trucos sencillos como la Pelota y Vasija, y los complejos, como el Marco de Penetración, que fácilmente puede engañar una habitación llena de adultos. En un juego de palabras, está etiquetado como "Fool Everyone" (Engaña a Todos). Esta es otra manera para que alcancen a su audiencia, y además inspirar a una nueva generación de aspirantes a magos. Otros magos que han tomado este camino incluyen a Criss Angel y Jim Stott.

La capacidad de escalar sin sacrificar la identidad y el estilo original

El estilo individual y las personalidades de Penn y Teller definen quiénes son, y cómo quieren que percibamos que son. En el correr de su larga y exitosa carrera, no han perdido el foco de esto y han mantenido muy consistentes su imagen y marca. Aunque los formatos y medios donde aparecen han cambiado, su espíritu de innovación, su preferencia por una buena broma, y su capacidad de comunicarse (hablando o no) se han mantenido iguales, y de hecho han pasado a ser más fuertes. Esta capacidad de mantener la identidad de la marca a pesar de la escalada de su operación, su investigación del negocio y tamaño de la audiencia es crítica para su éxito a largo plazo. Su audiencia reacciona de manera instintiva y los siguen con sinceridad y entusiasmo. A pesar del hecho de que el dúo ha trabajado en conjunto durante tanto tiempo, su relación es completamente profesional. Cuando se reúnen para un espectáculo, es todo negocios. Si bien se buscan para cuando necesitan consejos amigables, no socializan afuera del trabajo.

Como Jillette ha observado alegremente, la mayor ilusión que han podido lograr es que son un espectáculo de dos hombres. Su negocio es dirigido por un equipo dedicado, algunos de los cuales han estado con ellos durante décadas, comenzando incluso a los 18 años de edad. El espectáculo es dirigido por Kathleen Boyette, y su gerente empresarial es Glenn Alai. Manejan todas las decisiones relacionadas con las operaciones, logística, mercadeo, recursos humanos. Esto incluye la logística y los detalles asociados con sus espectáculos, apariciones en TV, y viajes. Estando ubicados en el Rio Hotel en Las Vegas, algunas de las logísticas han sido simplificadas, pero Penn y Teller aún hacen tours ocasionalmente dentro de los EEUU a lugares como Atlantic City y Florida. Otra persona de la cual dependen es Johnny Thompson, ahora de más de ochenta años de edad, quien ha estado con ellos durante un largo tiempo. Descrito como una mente mágica brillante, ofrece críticas francas y sin ambages, las cuales Penn y Teller toman con completa seriedad, dado que él lo ha visto todo. Thompson además aconseja a otros grandes magos, incluyendo a David Copperfield y Criss Angel. Además sirve como un juez imparcial en casos de disputas entre Penn y Teller, y confían completamente en sus decisiones e instinto. Por lo tanto, son capaces de poner su confianza en un grupo dedicado mientras se enfocan en la competencia central que define su negocio – la capacidad de encontrar ideas nuevas para probar y desarrollar en trucos de magia. No han perdido este enfoque singular en el correr de sus largas carreras.

Perfeccionando el Modelo de Negocios

Los magos pueden tomar lecciones de sus contrapartes en el negocio musical cuando se trata de construir más una base de fans dedicada, tanto en términos de adquisición y retención, pero están rápidamente alcanzándolos en términos de mejores prácticas. Artistas principales como ser U2, The Beatles, Neil Young y otros más comenzaron la tendencia de interacción directa con los fans y alentando la creación de comunidades de fans que podrían proporcionar retroalimentación, así como ser parte de un grupo más grande de pares. Esta tendencia ha sido continuada por estrellas como Taylor Swift, Beyoncé y Rihanna, permitiéndoles vender todas las entradas de la serie completa en avance, así como promocionar mercancías relacionadas o experiencias exclusivas. Vemos una tendencia similar entre los mejores nombres dentro de la magia, dados los ingresos sustanciales de los clientes frecuentes, sus fans dedicados. Penn y Teller, por ejemplo, creen que las audiencias tendrían que ser capaces de interactuar con ellos gratis. Hasta la actualidad, después de casi cuatro décadas de actuaciones, pasean después de sus espectáculos para conocer a los miembros de la audiencia, firmar autógrafos, y posar para fotos, sin cobrar ni un centavo. Sn embargo, esta es una tendencia que está muriendo, y varios artistas se dan cuenta que pueden haber grandes ganancias posibles al monetizar estas oportunidades. En los años recientes, David Blaine ha sido uno de los destacados en términos de adoptar ese tipo de modelo para mejorar aún más las experiencias de los fans, lo cual, en cambio, da lugar a mayores ingresos. Por ejemplo, los paquetes VIP que incluyen la posibilidad de que los fans conozcan a los mayores artistas generalmente salen más de cinco veces el precio regular de las entradas, pero los fanes leales están dispuestos a pagar y hacer filas por la experiencia única. Estos paquetes revelan el uso imaginativo de utilizar el tiempo del artista, y monetizar cada aspecto antes, durante y después del espectáculo (Ver la Tabla siguiente). Además permite que Blaine reciba la mayor cantidad de plata posible por cada espectáculo, que resultará en que tenga que trabajar menos durante el curso de un año típico, pero actuando con completa intensidad en los días del espectáculo. Esto es particularmente importante en su caso, ya que muchos de los trucos de los que dependen requieren de mucha preparación y un estómago fuerte (en especial si tiene que también servir como un acuario móvil sosteniendo ranas y peces vivos).

Paquete de Acto de Bienvenida VIP para el espectáculo de David Blaine

- ¡Una entrada Premium reservada en la Primera Fila!
- ¡Oportunidad individual de conocer y sacarse una foto con David Blaine!

- ¡Mira a David Blaine realizar trucos con cartas en un ambiente íntimo antes del espectáculo!
- Hospitalidad antes del espectáculo con tragos y tentempiés ligeros, incluyendo una barra de pago con 1 boleto de tragos (donde sea disponible)
- Un mazo de cartas firmado
- Un afiche del espectáculo especialmente diseñado
- Laminado de Acto de Bienvenida VIP
- Bolso VIP exclusivo
- Oportunidad de compra de mercancía previo al espectáculo
- Registro designado de VIP Nation
- Presentación VIP

Hay varias estrategias empleadas por artistas para lograr sus metas empresariales. Estas lidian con todo desde crear consciencia, alcanzar y conectarse con los fans, crear experiencias únicas del usuario, beneficios exclusivos para los clientes Premium, y expandir su alcance global. Algunos de los modelos empleados comúnmente usados por los mejores magos para lograr estos objetivos empresariales junto con actividades de muestra en cada categoría, están enumerados más abajo. Al enfocarse en los aspectos específicos del modelo de negocios subyacente, pueden ofrecer beneficios clave en cada una de las áreas de enfoque identificadas.

1. Enfocarse en la Expansión de la Plataforma: Como parte de esta estrategia, la idea es usar la marca central y propiedad intelectual, y expandirse a canales nuevos de distribución para aumentar los ingresos de las ventas. Se pueden usar servicios terciarizados para facilitar esta expansión. Un buen ejemplo sería los magos que usan programas de TV y apariciones puntuales para generar interés y atraer tráfico y ventas a sus programas en vivo, o simplemente crear más consciencia de su marca. La creación de dichas plataformas además puede dar lugar a una comunicación eventual entre pares entre los clientes y la formación comunitaria, si se maneja correctamente.

2. Enfocarse en la Meta: La idea aquí es entender los perfiles construidos de los clientes basándose en varias dimensiones. Estos pueden incluir la demografía, psicografía, y las variables de los estilos de vida que se pueden obtener con la investigación del mercado. Esta

información se puede utilizar para crear experiencias memorables y atractivas para los clientes perfilados, asegurando que se cumplan sus necesidades. Esto, en cambio, puede dar lugar a niveles mayores de satisfacción del cliente, lealtad y compras frecuentes.

3. Enfocarse en las Transacciones: La meta aquí es cerrar el vínculo entre el compromiso del usuario y las actividades comerciales potenciales. Esto puede incluir la mercancía, promociones especiales para los clubs de fans, y otras actividades que aumenten la probabilidad de que se den las transacciones. Las transacciones son particularmente atractivas cuando los encuentros entre el artista y el cliente son esporádicos o de una sola vez, pero la situación ideal sería convertir estas transacciones individuales en relaciones a largo plazo.

4. Crear experiencias de membresías: Esto involucra llevar a las transacciones al siguiente nivel, e involucra crear una relación significativa con el cliente a través de experiencias cuidadosamente construidas. Aquí la idea es refinar aún más la audiencia meta hasta un grupo central de usuarios dedicados que están dispuestos a pagar por servicios únicos, como a través de un programa de membresías. Un excelente ejemplo de esto es el método utilizado por el equipo de ventas de David Blaine para desarrollar paquetes especiales que entregan la experiencia completa. Esto puede incluir artículos como el espectáculo, las estadías en el hotel, experiencias previas y posteriores al espectáculo, oportunidades para encontrarse con el artista, y otras oportunidades del mercado. Este tipo de experiencia puede reforzar el mensaje central de la marca, y crear clientes más satisfechos y leales a la larga.

5. Enfocarse en la globalización: El enfoque aquí está en crear oportunidades en nuevos mercados geográficos, particularmente cruzando el mar. esto puede ser mucho más difícil para los artistas independientes, a menos que estén dispuestos a invertir tiempo en un tour. En el mundo de la magia, esta idea puede funcionar mejor para actos armados. Por ejemplo, The Illusionists actúan con un elenco rotativo de magos en varias ubicaciones extranjeras. Los beneficios incluyen un mercado expandido, reconocimiento de la marca, y la posibilidad de atraer a una amplia diversidad de audiencias. La contra es que esto puede resultar en un estilo de vida desafiante que involucre viajar constantemente.

Capítulo 6: Conclusiones

"Si te gusta lo que hago, las chances de que me agrades aumentan."
—Penn Jillette

"Hacer cosas hermosas es la gratificación en sí mismo."
—Teller

Un Fenómeno Empresarial y Cultural

Penn y Teller, como la profesión que representan, son un negocio y fenómeno cultural. Son reconocidos instantáneamente, con una marca que va desde los EEUU, hasta los rincones más lejanos del mundo, representan cómo una marca imperecedera puede subirse a la ola del negocio del entretenimiento. Son una presencia ubicua no solo en Las Vegas o en la TV, sino que en las redes sociales, y sitios para compartir videos, como YouTube. Esto les ha ayudado a superar las barreras de la comunicación y atraer continuamente a las audiencias nuevas. Además ejemplifican cómo la magia misma se ha vuelto parte de la cultura popular. Como Lev Grossman, escritor de TIME Magazine, y autor de The Magician's Land (La Tierra del Mago), señala, la magia y la fantasía han reemplazado a la ciencia-ficción como escapes populares de la generación post-Internet. C.S. Lewis y J.R.R. Tolkien, creadores de las fantasías *The Chronicles of Narnia* (Las Crónicas de Narnia) y *The Lord of the Rings* (El Señor de los Anillos), publicaron sus libros en los 1950's, y fueron parte de una generación que atravesó las guerras y habían visto al mundo pasar por una tremenda transformación social, física y tecnológica. Para reclamar el mundo perdido en el cual crecieron, crearon fantasías únicas y vibrantes. Estos mundos de fantasía, a menudo con estructuras y reglas elaboradas, eran una compensación por el caos y cambio en el mundo real que habitaban. En las décadas recientes, el nacimiento del Internet y la revolución de la información que le siguió han alterado completamente el paisaje narrativo. Hemos cambiado en cuanto a cómo pensamos de la época previa al Internet, y hay por supuesto una gran cantidad de consumidores en la actualidad que simplemente no saben cómo eran las cosas antes de la conectividad y acceso a la información constante. Es casi como si fuéramos personajes en este mundo de fantasía de bits y átomos, usando tecnologías para conectarnos con gente por todos lados, pero a la misma vez casi ignorando a la gente en la misma habitación. La generación millenial, por ejemplo, simplemente toma esto por sentado. La magia nos ofrece un escape de nuestro mundo actual, el cual está compuesto por cosas que son aparentemente mágicas. Al presidir sobre un programa como Fool Us, Penn y Teller ahora sirven como porteros, filtros y custodias del talento mágico y sirven una función crítica en cómo la magia arma la cultura popular. Otros magos exitosos como David Copperfield, David Blaine, Dynamo y otros, a través de su propio estilo y enfoque únicos, están contribuyendo al éxito continuo de las presentaciones de magia.

Los cambios en el mundo de la magia tienen que ser vistos a largo plazo, reconociendo los cambios sociales, culturales, económicos y tecnológicos que acompañan el pasar del tiempo. Jillette cita el ejemplo de la película muda de 1895, *The Arrival of a Train at La Ciotat Station* (La Llegada de un Tren a la Estación La Ciotat), que dura 50 segundos y simplemente muestra un tren llegando a una estación en París. Se dice que causó terror en la audiencia y muchos de ellos intentaron salirse del camino. Nadie había visto un efecto así antes, y los atrapó completamente por sorpresa. Sin embargo, un segundo después, nadie podía ser engañado nuevamente por él cuando se dieron cuenta de lo absurdo de la situación. Jillette señala que este tipo de tendencia continúa hasta la actualidad. Con la televisión volviéndose una parte integral de nuestras vidas, ya casi no le prestamos atención a los anuncios, ya que estamos tan condicionados a descifrar la intención detrás del comercial. Similarmente, cree que el Internet está comenzando a alcanzar el mismo tipo de nivel, donde la gente podrá distinguir entre lo bueno y lo malo, y lo genuino y lo falso. Como Jillette exclama, "La idea es que todos los demás están volviéndose locos en el internet me enferma. Puedo darme cuenta de cuándo algo es basura.

Puedes darte cuenta. ¿Quiénes son todas estas personas misteriosas que no pueden?" Está por supuesto, aludiendo a la era de noticias falsas y realidades alternas que son amplificadas en el eco de las redes sociales actuales. Su mayor punto es que los grandes cambios culturales llevan tiempo, pero la dirección del cambio debería de ser bastante clara para un observador astuto. Además, el arte de la magia se ajusta automáticamente a los cambios en la sociedad. Aunque se puede argumentar que la gran mayoría de los trucos de magia y efectos son basados en principios antiguos, los magos nuevos empujan los límites aún más para poder crear deleite y asombro. Al usar tecnologías y dispositivos multimedia, accesorios especiales y artilugios que previamente no estaban disponibles o eran demasiado caros o complicados para construir, y comprometer a sus audiencias de maneras inesperadas, intentarán crear efectos nuevos que mistifiquen y embauquen. Esto también puede ser un segmento lucrativo del mercado para los magos con sesgos mecánicos. Un mago exitoso que se ha construido un nicho en el área de la creación de efectos de magia puede ser comprado y utilizado por otros magos es Jay Sankey. Sankey, un mago canadiense de proximidad, es también un comediante de stand-up y el autor de *Zen and the Art of Stand-Up Comedy* (Zen y el Arte de la Comedia de Stand-Up). Ha desarrollado efectos especiales que han sido utilizados por magos como David Copperfield y Criss Angel, y ha escrito libros autoritativos acerca de la magia con monedas. Haciendo alarde de más de trescientos cuarenta y seis mil seguidores en YouTube, Sankey es un prolífico productor de videos que demuestran su conocimiento de magia. Como Sankey, algunos de los artistas en *Fool Us* y en la franquicia de *Got Talent* ya están explorando estos límites. Independientemente de la cantidad de tecnología que traen a sus actuaciones, estarán siguiendo los pasos de magos previos a ellos que siempre han desafiado el statu quo mientras dirigen el arte hacia adelante. Seguirán necesitando la simplicidad, franqueza, y presentación experta para continuar asombrando a las audiencias.

Mientras tanto, la magia está ingresando al dominio político tanto como a los económicos y culturales. En un desarrollo interesante, el Representante Pete Sessions (R) de Texas recientemente presentó un acta ante el Congreso para hacer la magia un tesoro nacional con la base de que es una "forma de arte rara y valiosa" (el texto completo del acta está en el Apéndice 1). La resolución reconoce los beneficios e impactos económicos de la magia. Estos incluyen referencias a las contribuciones tecnológicas de magos prominentes, los impactos sociales y económicos de magos famosos como David Copperfield y Harry Houdini (Copperfield ha iniciado Project Magic, con la meta de ayudar a niños discapacitados a través de la magia), y el factor del entretenimiento de la magia estando a la par con otras formas de expresión que no son por escrito. La resolución concluye solicitando medidas apropiadas de conservación para promover a la magia como un tesoro nacional. Desde los años sesenta, The Society of American Magicians (La Sociedad de Magos Americanos) ha estado presionando al Congreso a que reconozca la magia como una forma de arte, y esta acta es la última manifestación. Como señalé anteriormente, el gobernador de la Ciudad de Nueva York, Bill de Blasio ha designado el 6 de octubre como "Chamber Magic Day" (Día de Chamber Magic – el texto completo de la resolución está en el Apéndice 2). Varias iniciativas del estilo están en progreso en otros estados que dependen del turismo, y donde los negocios del entretenimiento, de los cuales la magia es parte, es un conductor clave para sus economías basadas en servicios. Estos ejemplos claramente ilustran los amplios impactos culturales, sociales y económicos de la magia. Los días en los cuales estaba relegada a ser un espectáculo secundario en los circos son cosa del pasado; en su lugar, se está volviendo una parte íntegra de la conversación nacional. Las ciudades y estados de todo el país y alrededor del mundo están reconociendo que la magia es un componente crítico de la economía del entretenimiento y puede ser atractiva para los turistas y residentes, y tener un impacto económico positivo en las comunidades.

Las décadas de experiencia de Penn y Teller en realizar magia para una amplia variedad de audiencias también ha atraído la atención académica. Han colaborado con académicos, incluyendo a psicólogos y neurocientíficos para probar teorías de la percepción, memoria, y otros constructos en ambientes experimentales controlados. Han dado charlas y actuado en instituciones como la Universidad de Oxford y el Instituto Smithsoniano, y fueron reconocidos como Escolares Visitantes en el MIT. A través de sus esfuerzos, continúan empujando las fronteras de las posibilidades de la magia, e involucrando a expertos de otras disciplinas en examinar las prácticas antiguas de los magos.

Expandiendo el tamaño del mercado

Los programas como *Penn and Teller: Fool Us* y la franquicia de *Got Talent* han dado la oportunidad de alcanzar audiencias completamente nuevas y demostrar su dominio de la magia. Con esto, además están transformando a los consumidores en una audiencia educada, y consumidores discernientes de la magia. Al promover a artistas completamente desconocidos, están expandiendo el tamaño del mercado y atrayendo a muchos consumidores más que quizás de otro modo podrían no haber estado interesados en los espectáculos o programas de magia. A pesar de ser una marca característicamente americana con un creciente atractivo internacional, Penn y Teller han creado un lugar único para sí mismos en Las Vegas, así como en el resto del mundo. Temporadas más recientes de *Fool Us* han incluido a artistas de alrededor del mundo, incluyendo a varios de Europa, Asia y América Latina. La magia realmente tiene un encanto universal a pesar de algunas de las diferencias estilísticas de cómo se practica en países diferentes, y no siempre necesita palabras para crear un impacto (Teller puede tener algo entre manos). Esto también hace que sea muy fácil venderle y llegarle a una audiencia de TV, que ahora puede sentir como que son parte de la audiencia en el teatro, mientras que se realiza el truco real. De manera similar, en la franquicia de *Got Talent*, hay un flujo continuo de artistas que cruzan las fronteras internacionales. Por ejemplo, en un episodio reciente de *Britain's Got Talent*, habían artistas de los EEUU, Japón, Corea del Sur y Malasia. Después de la indignación de las audiencias británicas por esta preponderancia de artistas internacionales en BGT, un vocero del programa tuvo que emitir una declaración aclarando su posición. En su opinión, el hecho de que tantos artistas internacionales estuvieran haciendo audiciones para el programa era testamento del éxito internacional de actuaciones británicas pasadas como de Susan Boyle y Paul Potts. Muchos de estos artistas se dan cuenta que ser descubierto en una plataforma tan popular podría significar un gran cambio en sus carreras, y están dispuestos a viajar grandes distancias para poder demostrar su valor.

Otra señal de expansión del mercado es el crecimiento en la cantidad de artistas mujeres independientes, que ha sido una rareza hasta recientemente en el mundo de la magia. En los 1880s, Madame Adelaide Herrmann ingresó al mundo de la magia al tomar el lugar del asistente varón tradicional, y creando la tradición de la glamorosa compañera o asistente femenina. Otras le siguieron enseguida, incluyendo a Bess Houdini y Dot Robinson. Madame Herrmann, tras la muerte de su marido mago, dio el paso inusual de tomar el rol principal de Reina de la Magia. A pesar de este avance temprano, las magas mujeres continuaron como compañeras para los magos. La más famosa de estas fue Charlotte Pendragon, quien actuó en un dúo junto a su marido por muchos años como The Pendragos. Penn Jillette ha mencionado en una entrevista que está impresionado por la cantidad de magas que están viniendo a actuar, tanto en Fool Us, como en general. Cree que la imagen de club de varones de la magia se está derrumbando y que, dentro de una década, habrá varias mujeres que dominarán la escena de la magia. La tradición de magas en el Oeste es escasa, en contraste con la situación en Asia y Europa Oriental. Esto puede ser atribuido a factores históricos; hubo un tiempo en el cual literalmente podían quemarte en la hoguera por practicar las 'artes oscuras'. En Asia, las mujeres practicaban la magia como entretenimiento de salón, y no había barreras reales. En su lugar, incluso se consideraba una forma de arte superior, y atraía a mujeres talentosas y adineradas. De las seis magas independientes que aparecieron en *Fool Us*, cinco de ellas lograron engañar al dúo, una tasa de éxito muy alta. Jillette le atribuye a esto el hecho de que la manera en que las mujeres independientes piensan en la magia es completamente distinta, y no han sido condicionadas por la manera de pensar de club de varones. Señala que sus estilos y tonalidades únicas son ajenas a los magos que crecieron dentro de una industria tradicionalmente dominada por magos, que además formaban sociedades secretas que mantuvieron fuera a las mujeres durante mucho tiempo. Jillette no solo encuentra que la tendencia nueva es refrescante, sino que la considera un desarrollo muy alentador y necesario para el futuro de la industria. En uno de los episodios de *Fool Us*, Penn y Teller insistieron en hacer que magas realizaran uno de sus actos viejos; su elección fue el par de Jen Kramer y AmberLyn Walker, quienes realizaron una rutina perfecta. Jen Kramer, por ejemplo, representa el nuevo tipo de talento que está apareciendo en la escena nacional: una graduada de teatro de Yale, había servido anteriormente como Fundadora y Presidente de Yale Magic Society (Sociedad de Magia de Yale), y seguido una carrera en magia. La propia hija de Jillette, Moxie Crimefighter, es una aspirante a maga, y ha aparecido en un cameo de sorpresa con David Garrard en *Fool Us*. Jillette cree que dentro de una década aproximadamente, las fuerzas mayores dentro de la magia serán mujeres, y habrá una cantidad de entretenedores superestrellas entre ellas. A medida que más magas entren al campo, también habrá una expansión natural del mercado.

Implicaciones para otros negocios

El ámbito empresarial no es ajeno a los desarrollos en la magia. De hecho, en especial en ámbitos como el mercadeo, que tiene un fuerte interés en entender y usar la persuasión, existe un debate considerable acerca del rol de la magia y el pensamiento mágico. Como Chris Miles, un investigador de la Universidad Queen Mary de Londres lo dice sucintamente, los escolares del mercadeo han estado discutiendo por un tiempo que la publicidad funciona como la magia en el sentido de que enceguece a los consumidores ante la naturaleza "real" del mundo. En su lugar, emplea temas y modismos asociados más con el mundo de la magia y brujería. Las revistas empresariales y periódicos están repletos de palabras como transformación, encanto, glamur, hechizos, encantamientos y el ingrediente X (el 'ingrediente secreto', factor X). Similarmente, el uso continuo de las aprobaciones de las celebridades sugiere que los vendedores quieren alentar el pensamiento mágico en los consumidores, y hacer que compren productos que de alguna manera les confieren las bendiciones y habilidades de sus estrellas a través del poder de asociación. En el centro del tema está la sensibilidad del mercader en ser etiquetado abiertamente como "persuasores". La persuasión sigue estando en el centro de todo diálogo y comunicación, y los vendedores serían inteligentes al estudiar algunas de las técnicas que los magos emplean para dejar sus ideas en claro, en lugar de distanciarse completamente del uso de la comunicación persuasiva.

Además de las áreas de promoción y persuasión, la industria de la magia ofrece lecciones para las empresas comprometidas en los prototipos, desarrollo de productos nuevos, y la creación de nuevas oportunidades de negocios. En la economía de servicios globales de la actualidad, las empresas están al acecho constante de productos y servicios que les parezcan 'mágicos' a los consumidores, y que no solo cumplan, sino que excedan sus expectativas. Si exceden las expectativas de esta manera, pueden crear la lealtad de los clientes, así como generar una promoción gratuita a través del 'boca en boca'. Se pueden conseguir atractivos dividendos al desarrollar dichos productos y servicios. Como las empresas con recursos limitados, los magos mismos están bajo presupuestos ajustados para crear trucos nuevos, y necesitan innovar constante y sistemáticamente para exceder las expectativas de sus audiencias, y promoverse eficientemente. Resulta que los magos son practicantes ávidos del desarrollo sistemático de productos nuevos; necesitan tener un entendimiento profundo de lo que debe ser resuelto, descubrir cómo resolver el problema, saber cuándo y cómo ocultar la solución y vender la experiencia de manera convincente. Los magos de mayor prestigio como David Blaine, Penn y Teller, y David Copperfield, por ejemplo, han pasado décadas refinando su oficio, y han hecho el trabajo pesado de idear, experimentar, crear prototipos, desarrollar productos, practicar y actuar, y después han vuelto a hacerlo todo varias veces. Frecuentemente consultan con expertos y, en algunos casos, emplean a un equipo en el escenario para ayudarles a realizar sus rutinas complejas. En la magia, la noción de la innovación desde arriba hacia abajo involucra buscar algo nuevo, mientras que la innovación de abajo hacia arriba puede ocurrir en paralelo, y generalmente la casualidad juega un rol importante en hacer la conexión exacta. Los magos son afortunados en el sentido de que tienen un repositorio masivo de conocimientos que ha sido construido minuciosamente en el correr de los años a través de muchas iteraciones. Hay muchos libros autoritarios disponibles acerca de cada forma de magia que se realiza, y el conocimiento también es transferido del docente al estudiante, o entre pares. Las empresas pueden inspirarse en esto e instituir el desarrollo desde arriba que resulta de un programa sostenido de inversión investigativa, o buscar soluciones desde abajo al modificar los productos existentes, recibiendo retroalimentación de los usuarios líderes y clientes leales, y revisando un pozo mayor de ideas a través de medios como crowdsourcing y asociaciones. Hay una fuerte necesidad de construir un repositorio comprensivo de conocimiento en el cual se puede confiar mientras se ocurren las ideas y soluciones nuevas, en lugar de reinventar la rueda cada vez que hay un problema.

A menudo contratados por clientes corporativos para desarrollar actuaciones de entretenimiento, los magos profesionales primero deben tomarse la molestia de realmente entender lo que quieren sus clientes, e innovar una manera para emitir el punto del cliente con el factor de asombro de un truco de magia. Tanto los innovadores como los magos deben crear un producto único pero místico. Algunos innovadores buscan innovaciones desde arriba cuando trabajan en un proyecto. Esto puede involucrar definir claramente la propuesta de negocios, y allí descubrir los detalles operativos necesarios para ofrecerla. Virgin Galactic primero se imaginó cómo se vería y sentiría un viaje al espacio, antes de trabajar en los detalles operativos y logísticos. Presentar un concepto claro ayudó a vender los boletos en los primeros viajes, y los clientes individuales estaban poniendo depósitos excesivos de cuarto millón de dólares cada uno por la experiencia que estaba en el futuro lejano. Aunque se fundó en el 2004, les llevó casi catorce años demostrar la viabilidad del concepto. En diciembre del 2018, Virgin Galactic envió a sus primeros astronautas al borde del espacio, demostrando que su idea original no era solo un castillo en el aire. De manera similar, Disney se enfocó en construir la atmósfera mágica de Disneylandia antes de enfocarse en los desafíos técnicos y los aspectos de la entrega del servicio. Además, al no incluir la complejidad innecesaria y hacer algo de manera simple, pero eficiente es una gran parte de los negocios y la innovación en la magia. Varios grandes ejemplos de esto abundan, incluyendo a Apple, Bose Audio, Citibike, o incluso Tod's Shoes. La idea es cautivar tu audiencia sin confundirlos, y ejecutar las promesas al ofrecer una experiencia consistente y de alta calidad. Esto requiere tanto de una claridad de visión, y de la capacidad de superar obstáculos significativos para notarlo.

Como parte de su larga herencia de experimentación, los magos profesionales han desarrollado un proceso detallado para el desarrollo de trucos que puede ser desglosado en tres etapas. La primera es enfocarse en los 'cómo', donde buscan un descubrimiento donde la experiencia desde arriba se encuentra con los procesos desde abajo. Para asistir esto, muchos magos intentan mantener una Caja Tecnológica para ayudarles con los descubrimientos. Por esto es el término de 'bolsa de trucos de un mago'; una caja general multipropósito de minucias que pueden de alguna manera ser reconfiguradas según las necesidades del momento. La idea principal es la improvisación, redescubrimiento, recombinación y reutilización. Las empresas como P&G han comenzado a hacer esto con su base de datos industrial cubriendo campos interdisciplinarios que ayudan a facilitar la conexión creativa cruzada. Las empresas farmacéuticas lo hacen al mantener y minar una gran base de datos de moléculas que pueden ayudar a descubrir la próxima droga taquillera. Las empresas en el sector del Internet tienen bases de datos masivas que almacenan información obtenida de perfiles y comportamientos del cliente en el correr de un largo período de tiempo. Con la llegada de herramientas como el aprendizaje mecánico y la inteligencia artificial, ahora es posible minar esta información para descubrir tendencias nuevas, y posibles oportunidades nuevas de mercados. La explosión de la información, incluyendo la que cubre los perfiles y comportamientos personales, está creando una guerra de información del cliente que deriva de los análisis y mucho de ella está ocurriendo de manera invisible sin que nos demos cuenta o lo sepamos. Como Kai-Fu Lee, el antiguo Presidente de Google China, señala en su libro *AI Superpowers: China, Silicon Valley, and the New World Order* (Superpoderes de IA: China, Silicon Valley y el Nuevo Orden Mundial), la inteligencia artificial ahora está rastreando rutinariamente cientos de variables débilmente relacionadas para idear predicciones de resultados probables. En un caso interesante del uso de dichos algoritmos, describe cómo un nivel de batería bajo en tu celular puede ser un mejor predictor de tu valor crediticio que otros indicadores que se usan comúnmente. Se puede esperar que los desarrollos como estos aceleren a medida que las capacidades de hardware y software se vuelven exponencialmente mejores, confiriéndoles poderes aparentemente mágicos a los vendedores e influencers. En el ámbito empresarial, la caja de herramientas de recursos puede incluir el lienzo del modelo de negocios, el manual de inicio, SCRUM (un marco para el desarrollo rápido), y el lienzo del diseño del producto, por ejemplo. Al recurrir al uso de una caja de herramientas, o techbox, el beneficio central es que los practicantes no tienen que reinventar la rueda cada vez que se encuentran con un problema nuevo. Y con mayor uso de esas herramientas viene una mayor familiaridad, destreza y experiencia, lo cual les permite llegar a la solución rápidamente.

El segundo paso es decidir qué ocultar y cómo. Como el Profesor Stefan Tomke de la Escuela de Negocios de Harvard señala en su estudio de magia y negocios, realizado en conjunto con el mago Jason Randal, hay dos tipos de magos: "los magos de magos" (los que realizan tareas complejas) y los "magos de la audiencia" (los que realizan tareas sencillas, pero con un enorme factor de asombro). Las audiencias no saben cuánto trabajo conlleva el segundo, pero toma horas, días y semanas de práctica y refinamiento. Distintos niveles de presentación funcionan para audiencias distintas. Houdini fue un mago que mantuvo todo transparente. Además de ser impresionante para la audiencia, el efecto además era místico, mientras luchaban por descifrar lo que estaban viendo. En los negocios, este abordaje puede funcionar para los productos en los cuales quieres que los consumidores sepan lo interno del producto, y quizás funciona mejor si los usuarios tienen una inclinación técnica (como ser los programadores o ingenieros). En el otro extremo, ocultarle todo al cliente puede también ser un abordaje que funciona. Por ejemplo, como describen Thomke y Randal, Bang & Ofulsen, un jugador líder en la industria del audio, mantuvo su interfaz del usuario muy minimalista, para evitar complicar las cosas para los usuarios, pero también adhiriéndose al principio fundamental del diseño de 'menos es más'. De manera similar, Apple, desde su concepción, también ha dependido del diseño minimalista. Steve Jobs obtuvo inspiración de formas minimalistas de expresión creativa, incluyendo la caligrafía japonesa y el budismo zen, y era un gran admirador de Dieter Rams, el famoso diseñador industrial alemán. Los ingenieros, como los magos, deben saber que no mostrar todo a veces es beneficioso. Los magos deben alcanzar el balance correcto de lo oculto y lo mostrado, y preguntarse qué puede ocultarse fácilmente, qué puede ser revelado u ocultado durante el truco, y cómo ocultar el final real. Un buen ejemplo de esto es cuando David Copperfield adaptó un truco al remover un elemento encubridor en el medio de una ilusión, pero para entonces había cambiado como el sistema de levitación funcionaba, asombrando a la audiencia aún más. Esperaban una cosa y recibieron otra. Teller menciona cómo es crítico cautivar la atención de la audiencia y después guiarlos por una serie de vueltas que eventualmente ayuda a fortalecer el impacto final de la rutina. Esto involucra una anticipación precisa de las percepciones del cliente y hacer ajustes para cada paso del camino mientras que son guiados (o desorientados, según sea el caso). El tercer paso es vender la actuación de tal manera que le llegue emocionalmente a la audiencia. Describimos antes cómo Teller realiza trucos simples pero extremadamente eficientes como Sombras o la Pelota Roja. Varios magos que aparecieron en *Fool Us* comentaron cómo fueron inspirados por el truco viejo de Penn y Teller que involucraba solo un lápiz y un cigarro, que también han deconstruido amablemente para la audiencia. Al final del día, la simplicidad y el impacto emocional triunfan sobre la hechicería técnica y crean una conexión más directa y personal con la audiencia. Como dijo famosamente Einstein, mantén todo tan simple como sea posible, pero no más simple que eso. Si existe suficiente pasión y convicción y se ha creado un vínculo emocional, la audiencia está dispuesta a perdonar o ignorar los errores menores que están propensos a ocurrir. En el área de desarrollo y mercadeo del producto, los directores creativos y diseñadores principales a menudo están asociados con fuerzas misteriosas que unen la creatividad con el poder de la transformación. Esto es particularmente cierto para los diseñadores icónicos de productos de lujo. John Galliano, Karl Lagerfeld, Dieter Rams, o Jonathan Ive (de la fama de Apple) son apreciados por esta capacidad de imaginar una estética nueva a pesar de enfrentar los mismos obstáculos y dificultades materiales que todos los demás. Como los magos, poseen una intencionalidad transformadora, practican su propia forma de cambio de forma, y frecuentemente exceden las expectativas, a menudo tomando grandes riesgos y demostrando enormes cantidades de persistencia. Los antropólogos que miran el diseño de modas, por ejemplo, han comparado a los diseñadores estrella con 'chamanes' que pueden lidiar con la incertidumbre y sin embargo, 'predecir el futuro'. La industria de la moda y la mayoría de nuestra sociedad moderna capitalista están permeadas con agentes mágicos, hechizos y rituales de tipos variantes.

Igual que un mago exitoso, el director creativo o diseñador de modas que surge y canaliza el *zeitgeist* a productos y servicios creativos, es celebrado y gratificado de manera atractiva.

Hay una cantidad de recomendaciones generales de negocios que se aplican tanto para los magos como para las empresas: los innovadores deben innovar continuamente, porque lo novedoso pronto se vuelve estándar; y lo estándar pronto se vuelve obsoleto o irrelevante. Desde una perspectiva empresarial, por lo tanto se vuelve muy importante retribuir el comportamiento innovador aunque haya fracasos. Esto además construye una cultura e identidad organizacional únicas, y puede ser mucho más poderoso que una serie de reglas escritas. En su investigación, Thomke y Randal encontraron que muchas empresas fracasan en la tarea de definir el problema, el cual generalmente es el aspecto más infravalorado del proceso de innovación. En lugar de enfocarse en desarrollar soluciones, los estrategas, gerentes, ingenieros y desarrolladores deben prestarle más atención a definir el problema primero, y definirlo bien. Y si sobresalen en esta parte, podrán ir más allá de las expectativas del cliente, deleitarlos, y así ofrecer la 'magia'. Esto necesita una cultura organizacional que aliente la práctica preventiva y los prototipos, ayudando a perfeccionar los productos y servicios que está produciendo. Ayuda entender los tres conceptos del prototipo: la capacidad de ser rudo, rápido y correcto (tienes que tener exactitud en los aspectos importantes, pero el resto puede ser aproximado). Al mismo tiempo, uno no puede esperar que las ideas creativas se fabriquen uniformemente, como una línea de ensamblaje. La gente necesita tiempo y libertad para deliberar y marinar sus ideas, e idear algo realmente creativo. Por eso es la importancia vital de permitirles acceso a los empleados a que tengan tiempo libre o "tiempo personal" como lo llama Google, para trabajar en los problemas de su propio interés. Estas prácticas capitalizan en las elecciones y fortalezas del empleado, crea el trabajo en equipo y habilidades colaborativas, y además crea una cultura de confianza dentro de la organización.

Los equipos de desarrollo de productos nuevos pueden aumentar su eficiencia si están dispuestos a cambiar activamente sus puntos de vista durante el proceso mismo. Tomando un ejemplo de Penn y Teller, una estrategia que pueden emplear los innovadores es alternar constantemente entre los roles de creador y crítico. Los críticos pueden matar una idea nueva, pero también traen la voz de la razón, practicidad y viabilidad en un proyecto. Esto ayuda a descubrir los puntos complicados que realmente existen pero pueden ser mejorados, pero, más importante, también elimina las malas ideas bien rápido. Además puede dar información acerca de los valores o aspectos que pueden ser agregados o modificados para hacer que una pieza sea más completa. Mientras que la persistencia de un mago podría significar desarrollar y practicar rutinas nuevas, como entrenarse al empujar sus propios límites en la resistencia al frío o aguantando la respiración (Houdini o David Blaine), para los negocios puede ser operar fuera de su ambiente normal. Puede significar romper reglas y pensar de manera innovadora, como hace Criss Angel cuando lleva trucos de escenario a la calle, que tiende a ser más impromptu y un espacio más difícil para montar efectos especiales. Como describe Thomke en su estudio, un buen ejemplo de negocios de esto es un equipo de BMW de Alemania que pasó 6 meses trabajando aislado en California, completamente fuera de su ambiente natural de origen, y pasaron el tiempo creando diseños poco ortodoxos para un auto nuevo. Como muchos artistas, escritores y creadores saben, un cambio en los ambientes físicos inmediatos impulsa las energías creativas y puede dar lugar a ideas y direcciones nuevas. Eso es lo que halló el equipo de BMW en una ubicación completamente nueva, lejos de sus anclas familiares. Finalmente, todos los innovadores saben que deben vender la experiencia del cliente completa, en lugar de solo un aspecto aislado. Los magos en la actualidad deben hacer efectos más concentrados para engañar a la misma audiencia, y hacer preguntas altamente técnicas antes, durante, y después de sus actuaciones. De manera similar, los diseñadores de productos e ingenieros necesitan realmente entender la mentalidad del cliente, y estar dispuestos a hacer el esfuerzo adicional para separar lo que ofrecen ellos, de lo que ofrece la competencia. Por lo tanto, hay muchas similitudes inesperadas entre el mundo de la magia de espectáculos y la de la innovación practicada en las empresas modernas.

¿Qué Reserva el Futuro?

El Internet ha revolucionado cómo la gente llega a conocer acerca de los magos, y cómo pueden observar, ser entretenidos y aprender de ellos. Rich Ferguson es un mago que vive en California que ha logrado un enorme éxito en YouTube, con más de un millón de seguidores. Sus subidas de video consisten en de todo desde la magia instructiva y juegos mentales, hasta bromas elaboradas que les hace a los transeúntes desprevenidos. Ferguson cree que la tendencia hacia la democratización de la magia tiene dos caras. Por un lado, siente que ha 'abaratado' la magia popular, haciendo que sea menos misteriosa y secreta, y simultáneamente creó un amplio pozo de jugadores que pueden ser versados en los aspectos básicos de la magia, pero que no tienen la profundidad y calidad para sostener el éxito a largo plazo. Esto de hecho puede ser nocivo para los prospectos de los magos de alto nivel. Como me señaló mordazmente en un correo electrónico, "Diablos, ¿por qué alguien contrataría a un mago caro Premium como yo, cuando el DJ en la agenda telefónica ofrece magia pasajera para la fiesta como un agregado gratuito?" Por el otro lado, señala que un pozo tan grande significa que también encontraremos talentos realmente asombrosos que están completamente sin descubrir. La siguiente superestrella bien puede ser un completo novato que recién está comenzando en YouTube. Una revisión rápida en YouTube u otro sitio para compartir videos revelará cientos de trucos de magia, y en muchos casas, explicaciones claras de cómo se pueden realizar. Mientras que varios instructores populares tienen cientos de miles de suscriptores, y algunos incluso tienen millones. Hay una infinidad de magos y coaches ofreciendo sus ideas, conocimientos e instrucciones detalladas de una amplia variedad de efectos, además de ofrecer muchos de los efectos y accesorios para la venta.

Ferguson considera que se involucró en la magia bastante tarde en la vida, a los veintisiete años de edad. Sin embargo, en cuanto la descubrió, quedó enganchado. Para él, era una excusa para consentirse en su interés de entretener a la gente, dado su don para el lenguaje corporal y la interacción personal. En unos pocos meses, decidió que lo haría a tiempo completo como ingreso fijo, una decisión enorme en ese momento. Dadas sus habilidades para el mercadeo y networking, pronto encontró los trabajos más lucrativos al atender eventos personalizados, privados y VIP. No solo eso, sino que creó su propia estructura de precios y apuntaba hacia el lado Premium del mercado, ignorando así la sabiduría convencional del ámbito. Su otro interés era atender a la gente común, y desarrollar trucos y bromas accesibles – en esta tarea, pronto descubrió el alcance global y poder de mercadeo de YouTube. Sus ganancias de YouTube en el 2016 fueron de más de trescientos mil dólares, y desde entonces, ha tenido una buena racha en la plataforma, sin mirar hacia atrás. En su canal, muchos de sus videos tienen cientos de millones de vistas. También ha colaborado con otros magos como Jay Sankey, por ejemplo, para crear materiales y promociones. Con respecto a aprovechar YouTube, su creencia es que las ganancias de un canal, asumiendo una audiencia de tamaño decente, depende de la integración del portfolio del producto, aprobaciones personalizadas, así como crear contenido licenciado para otras plataformas. YouTube puede ser el frente de un embudo que alimenta tráfico hacia otros destinos, incluyendo una tienda en línea, contenido exclusivo, u otras ubicaciones pagas. Ferguson es de la idea de que la magia está entrando en una emocionante fase donde los mejores magos serán bien recompensados, en proporción a su alcance e impacto, así como su capacidad de entender y usar los canales emergentes para alcanzar a sus audiencias. Cree que es un buen momento, dado que hay cientos de atletas estrellas, estrellas de cine, y otras celebridades ganando anualmente que el décimo mago mejor pago.

Por lo tanto, para el aspirante a mago, no hay falta de medios de los cuales puede construir su conocimiento y habilidades. De hecho, como hemos visto anteriormente, magos estrella como Shin Lim son principalmente autodidactas y se han beneficiado de la disponibilidad de información y videos en línea. Theory 11, un sitio web fundado por Jonathan Bayme, y que compara con iTunes para la magia, les permite a los clientes que busquen trucos de magia que les gustan. Si quieren aprender a realizar uno de los trucos, pueden comprar videos completos que ofrecen las instrucciones paso a paso. Esto incluye tanto el funcionamiento del truco mismo, y cómo realizarlo para el mejor efecto. Ese es el desafío continuo del negocio de la magia; vender rutinas cuando hay sitios como Theory11 o incluso YouTube que a menudo simplemente regalan los secretos. Esto no solo se limita a los EEUU, sino que ocurre en otros mercados. En China, por ejemplo, se ha señalado que la mercantilización de la magia que comenzó en los 1930s y hasta su democratización en la época actual, donde las audiencias pueden pagar una pequeña cantidad para ver a los artistas habilidosos, ahora estamos en una época en la cual las habilidades y los objetos se pueden comprar a un precio. Mantener secretos (en especial los secretos propietarios) ha sido clave para cómo funciona la magia. Y sin embargo, estamos en una era en la cual la información fluye tan rápidamente y abiertamente que parece una meta imposible. Le pone más presión a los mejores magos, que invierten mucho tiempo y dinero en crear efectos propietarios. Pero muchas veces, la magia brillante se trata más del dominio de tiempo, ejecución y la temática general del espectáculo y ambiente y capacidades de presentación, que cualquier secreto profundo. El mismo truco puede ser realizado por distintos magos, y puede provocar resultados contrastantes. Uno puede ser memorable, mientras que el otro cae como un globo de hierro. Jamy Ian Swiss, el historiador de magia señala que está todo en la interpretación. Lo compara con las muchas versiones de la canción "New York, New York" que han sido grabadas, pero que solo la de Sinatra es la que se reconoce como el estándar dorado. El talento y la habilidad del artista es la característica crítica que es difícil de replicar a pesar de tener todo el conocimiento del mundo al alcance de tus dedos. Como Swiss ha señalado en sus ensayos, al final del día, los secretos de la magia son meramente herramientas teatrales, y no la esencia de la actuación. Por supuesto, es necesario un nivel completamente diferente de habilidad, organización y trabajo en equipo para armar un espectáculo del estilo de Las Vegas que tenga magia, teatro y arte interpretativo, versos saber cómo realizar un par de trucos de salón.

Con respecto a lo que concierne el ámbito general de la magia, la mayoría de los magos coinciden en que estamos viviendo en un tiempo de transición. Si bien las redes sociales ciertamente han cambiado el juego, todavía no han encontrado una permanencia completa en nuestras vidas. Las buenas noticias es que la tendencia parece favorecer las conexiones más directas y personales entre el mago y sus fans y seguidores. El mago Joshua Jay especula que en el futuro, la naturaleza de la experiencia mágica en sí misma puede ser reinventada, con los espectáculos formales volviéndose más raros, y las audiencias yendo en tropel a las plataformas en línea para ver la magia realizada por sus artistas favoritos. Además ve una tendencia continua de avance hacia la magia de proximidad, mientras que más desafíos esperan a los magos de escenario en general, y los ilusionistas en particular. Los medios para la magia e ilusiones de cajas grandes se están desvaneciendo y a pesar de la presencia de algunos artistas reconocidos que se especializan en este espacio, esta tendencia probablemente está establecida para continuar.

Regalar o vender los inventos mágicos no es un fenómeno nuevo. La mayoría de los grandes magos actuando hoy en día, así como una legión de novatos aspirantes han visitado el Tannen Magic Shop en la Ciudad de Nueva York, y muchos jóvenes entusiastas se han ido con su primera introducción a la magia. Fundada en 1925, es una institución mágica que contiene una cornucopia de trucos de magia a la venta, que se pueden comprar en la tienda o a través de su denso catálogo que contiene miles de artículos y accesorios. Tannen ha sido también un patrocinador a largo plazo del Tannen's Magic Camp (Campamento de Magia de Tannen), un campo de verano para los jóvenes magos aspirantes que se ha llevado a cabo todos los años desde 1974. Entre sus egresados más famosos, están David Blaine, David Copperfield, y el actor Adrian Brdoy. El documental "MMagic Camp" (Campamento de Magia) presenta una visión interna del funcionamiento interno de este campamento, donde los jóvenes magos aprenden acerca de las bases de la magia, y toman clases de temas como Desarrollo de Personajes, Proximidad Intermedia, y Magia Avanzada de Escenario. Otra institución de NYC que atendía a los entusiastas de la magia durante una cantidad de décadas fue Flosso-Hornman Magic Company. Con la sensación de un museo de magia, esta colección de recuerdos de la magia ha tenido algunos dueños famosos, incluyendo a los Martinka Brothers, hasta el mago más famoso de todos, Harry Houdini. Despues de la muerte de su último dueño, Jackie Flosso, en el 2003, el nuevo dueño, Ted Bogusta, un joven asesor tecnológico del momento, mudó la tienda al Internet. En su apogeo, la tienda era conocida por su colección ecléctica, incluyendo autómatas que jugaban al ajedrez y hacían trucos, monos que chiflaban, y sorpresas constantes como conejos que salían de sombreros en momentos inesperados. Aunque los establecimientos físicos clásicos están desapareciendo, los establecimientos virtuales están surgiendo para reemplazarlos.

Otro ejemplo más contemporáneo de este fenómeno es Penguin Magic, que ha construido su imperio vendiendo trucos para una audiencia internacional. A través de sus videos en línea donde se demuestran los trucos (pero sin revelarlos), Penguin ha atraído más de mil millones de vistas en YouTube, y lo siguen más de doce mil suscriptores. Cada uno de estos trucos es revisado por un mago profesional y, a la fecha, hay más de dieciséis mil trucos disponibles a la venta. El genio de Penguin es darse cuenta que el mercado "amateur" es mucho más lucrativo que el mercado de los magos profesionales. Si bien la mayoría de los artistas profesionales están contentos con un repertorio estrecho en el cual tienen un dominio y experiencia extrema que puede ser demostrado a las audiencias nuevas, los amateurs tienen el desafío de demostrar constantemente trucos nuevos a una audiencia existente (generalmente compuesta por un círculo pequeño de familiares y amigos). Por lo tanto, hay un mercado amplio y creciente de magos hambrientos a los cuales Penguin sirve, y en el proceso han creado una gran comunidad de usuarios que se alimentan constantemente el uno del otro, a través de reseñas, comentarios y discusiones, así como grupos de reuniones en el mundo real. Como señala Seth Godin en su libro, *This is Marketing* (Esto es el Mercadeo), Penguin Magic ejemplifica el impacto de una comunidad densa interconectada de usuarios en estimular la innovación y participar de la reinvención e innovación constante.

Los artistas y las audiencias de la generación de Houdini ciertamente no tenían esta posibilidad de obtener acceso o asimilar rápidamente un cuerpo de conocimiento tan grande. Esta capacidad de acceder a vastas cantidades de contenido también viene con sus contras; los magos mismos tienen que innovar constantemente para sorprender a las nuevas audiencias. Simplemente no pueden costearse el quedar atrás en esta era tan competitiva. En paralelo, el público común ahora está expuesto a la magia de una manera mucho más grande que hace unas décadas atrás. Junto con la exposición a una variedad de actos y trucos, además se están volviendo más distinguidos y sofisticados. Su apetito por la magia de alta calidad por lo tanto es intocable y está en crecimiento. Adicionalmente, los artistas actuales deben ser autopromotores excepcionales. No es necesario aclarar que la mayoría de ellos tienen un canal de YouTube que les permite crear una base central de fans, y los más exitosos trabajan con empresas de relaciones públicas para construir una presencia de la marca y estrategia de redes sociales. Mientras que algunos pesimistas creen que estas tendencias apuntan a la eventual desaparición de la magia como entretenimiento, la realidad es que estamos entrando a un mundo nuevo, donde la magia y su interpretación son dominantes y en cambio constante. Hay una base en aumento de magos novatos, semi-profesionales, y profesionales, y con ella, las audiencias que desean un entretenimiento genuino, así como un descanso del trabajo penoso de la vida diaria.

En un ensayo contemplando el futuro de la magia que escribió David Blaine en el 2014, argumenta que muchas de las cualidades inherentes de la magia son atemporales. Usar el compromiso emocional para atraer a la audiencia, la maestría de las habilidades de presentación, y la voluntad de invertir horas de experimentación, práctica y pruebas hace que la magia sea una forma de arte que sigue reinventándose. Los magos aspirantes pronto descubren que además de su técnica, tienen que trabajar duro en los rasgos que los ayudarán a hacerse querer por la audiencia. Estos incluyen la apariencia personal, presencia en el escenario, fluidez de la presentación, habilidad para contar un cuento, y por supuesto su originalidad y valor del entretenimiento. El sarcasmo, humor y coraje también tienen un enorme efecto, en las manos correctas y en el momento correcto. Los magos establecidos dependen de una base de clientes leales, lo cual significa que pueden realizar un repertorio relativamente estrecho de trucos, con algo de rotación, y aun así atraer audiencias estables en el tiempo. No todos los miembros de la audiencia están viniendo para descubrir la solución de cada truco, la mayoría de ellos están allí para pasarla bien y ser entretenidos. A pesar del acceso global a la información acerca de los trucos de magia a través de libros, el Internet y las redes sociales, el entusiasmo por el oficio siempre ha crecido de a saltos, contrario al conocimiento convencional. Parte de la razón para eso es que la magia siempre ha inspirado a las generaciones más jóvenes a que tomen el oficio e innoven continuamente y creen paradigmas nuevos mientras derrumban los viejos. Además ha inspirado a los magos experimentados con carreras exitosas y registros armados a que transmitan su sabiduría simplemente porque aman el oficio.

La visión de Blaine es que en nuestros tiempos obsesionados con la comunicación, donde los comentadores se inquietan por el futuro de los humanos y los robots, no son los artefactos y las mecánicas lo que importan, sino la capacidad de desarrollar las habilidades suaves que involucran a la gente, las percepciones y las relaciones. Las investigaciones en psicología también sugieren que la creencia en la magia es una propiedad fundamental de la mente humana y, más aún, el involucrarse en el pensamiento mágico puede de hecho aumentar las capacidades cognitivas como ser la percepción, creatividad y memoria. Otros magos han afirmado de manera similar que el público general es bastante inteligente con respecto a la magia, y los magos no deben subestimar la curiosidad e inteligencia de su audiencia, sino construir sobre los ámbitos comunes que existen entre el artista y el espectador. La práctica de la magia por lo tanto se está democratizando, lo cual está en contraste con la época en la cual el mago estaba removido del plano de la audiencia.

Algunos sociólogos suenan una campana de precaución en el movimiento hacia el pensamiento mágico en nuestra cultura contemporánea de celebridades, dirigida por la TV de realites en particular, y la glorificación del espectáculo. Estos comentadores han discutido que el pensamiento mágico también es la monda de una cultura totalitaria que controla, manipula y nos distrae de los problemas sociales y morales reales que la sociedad está enfrentando. Preferimos ver una hora de entretenimiento vacío en la TV, en lugar de aprender acerca de la injusticia social, guerra y hambruna, o cambio climático, por ejemplo, aunque esos asuntos pueden ser más relevantes para nuestro futuro colectivo. Es responsabilidad de los ciudadanos educados en la magia que mantengan cuidado por los artificios, la propaganda y las falsedades utilizadas por todos desde los políticos, las celebridades y otros influyentes al exponer los trucos que están usando para lograr sus objetivos más infames. Un conocimiento sano de las técnicas de la magia, particularmente aquellas que involucran la causa y el efecto, podrían servir como un arma para salvaguardar a la democracia, e impulsar el pensamiento racional. Mientras que la magia y el pensamiento mágico se vean únicamente como salidas para la creatividad y el entretenimiento, sin pasar al "control mental" o actuar como una distracción completa de la realidad, habrán logrado sus objetivos.

Cuando uno mira un truco hermosamente ejecutado como la Metamorfosis, sin saber la solución subyacente, es una experiencia realmente mágica. Cuando uno lo mira después de saber las mecánicas subyacentes, lo tratamos más como un rompecabezas avanzado pero igual obtenemos un poco de satisfacción al ver lo bien que es ejecutado, en términos de velocidad, inteligencia técnica, o la presentación general. En ambos casos, no podemos resistir la atracción inherente de la magia misma, incluso a medida que nos informamos y educamos más como espectadores de la magia. Dado su atractivo atemporal, y su renacimiento reciente en la cultura popular, medios y discursos, uno puede discutir que el futuro de la magia es extremadamente dinámico, brillante y lleno de sorpresas inesperadas. Como hemos visto en este libro, hay un mercado establecido para los espectáculos de renombre, así como numerosas oportunidades para los artistas en todas las etapas de la cadena de valor. Gracias a los espectáculos taquilleros de Las Vegas, la exposición en TV a través de programas como Fool Us o America's Got Tlent, hay un interés reciente entre un diverso grupo de personas en la magia y su ejecución exitosa. Las generaciones más jóvenes de magos están haciendo uso completo de tecnologías modernas para aprender, diseminar e influenciar sus interpretaciones únicas del oficio. Esto va bien para una era futura cuando la atención es escasa, pero nuestras mentes aún pueden ser engañadas y entretenidas por una nueva casta de magos.

Uno no debe ignorar la importancia de Las Vegas en volver a los magos nombres conocidos, al darles una plataforma internacional de entretenimiento. En el correr de los años, Las Vegas ha diversificado las fuentes de sus ingresos de los juegos de azar hacia las oportunidades de experiencias más orientadas a la familia y tematizadas, incluyendo aquellas para niños pequeños; y hay planes en marcha para atraer más actividad relacionada a los deportes profesionales a la ciudad. Protagonizando los Vegas Golden Knights en el hockey, los Aces en el básquetbol y el ingreso en el 2020 de los Raiders en el fútbol americano, Las Vegas será el hogar de algunos equipos líderes, junto con un estadio nuevo, con una capacidad de

65.000 desde el Mandalay Bay Resort and Casino. Más de $10 mil millones han sido reinvertidos desde el 2007 en crear nuevas oportunidades de servicios, incluyendo restaurantes, espacios de convenciones y reuniones, medios para el entretenimiento y otros servicios de lujo. Se predice que para el 2020, los ingresos por alojamientos superarán los ingresos de los juegos de azar, lo cual significa que se crearán oportunidades nuevas para espectáculos, locales de comidas y bebidas, y otros negocios orientados al entretenimiento para artistas mágicos establecidos y emergentes, que pueden ser un atractivo dependiente para las visitas en familia, así como delegados de convenciones. A corto plazo, uno puede esperar ver más residencias para los magos que han obtenido reconocimiento nacional e internacional, así como más ingresos dedicados a los artistas. Como Teller dijo sucintamente en una entrevista, "No puedes dar vuelta en una esquina en Las Vegas sin chocarte con un mago. Un cierto tipo de empuje parece haber crecido aquí para que este lugar sea de dónde vienen los magos". La proximidad a los magos talentosos, una red establecida de ubicaciones y salidas, y la disponibilidad de inversores estratégicos crea más valor colectivo y actividad económica en el "clúster mágico" de Las Vegas. Las ganancias generadas por la magia y los magos en Las Vegas correrán hacia otras ubicaciones del entretenimiento del mundo. De hecho, muchas ciudades de Asia han comenzado a reconocer la importancia de la magia como una parte crítica de la economía del entretenimiento, y están haciendo un esfuerzo por incorporarla al turismo y los esfuerzos de planificación urbana. Las ciudades que disfrutan de un flujo constante de turistas, tanto para negocios como para placer, necesitan considerar el atractivo de tener magos establecidos residiendo allí. Muchas estrellas de la magia actual no hacen simplemente espectáculos tradicionales, sino que además ofrecen charlas inspiradoras que se enfocan en el liderazgo, las habilidades comunicativas o la colaboración. Quienes asisten a las convenciones, en particular, pueden beneficiarse de una mezcla de dicho 'edutretenimiento'. Las cinco ciudades principales en los EEUU con respecto a visitantes de convenciones son Orlando, Washington D.C., Las Vegas, Miami y Chicago. Las Vegas supera a todas las ciudades americanas en lo que se trata de números de turistas, y le siguen Los Ángeles, Orlando, Anaheim, and Atlanta. Las tendencias hacia las residencias mágicas en tales ciudades es probable que continuarán creciendo.

Finalmente, en lo que respecta a Penn y Teller, en el verano del 2018, anunciaron que estarían posponiendo actuaciones hasta fines de Agosto para que Teller se sometiera a una cirugía de fusión espinal. Se cree que esto se debió a sus experiencias de colgar de camisas de fuerza, así como contorsionarse en cajas y otros artilugios en el correr de las décadas pasadas. Después de una operación exitosa a principios de julio, Teller estaba en camino a la recuperación. Durante el mismo período, Penn Jillette se sometió a un ayuno de solo agua vigilado por médicos, para ayudar con su presión sanguínea. Resumieron sus espectáculos en otoño del 2018, y están ansiando seguir actuando durante muchos años más en Las Vegas y otros lados.

Epílogo

"Todo lo que es la magia es 'Aquí tienes una moneda, ahora se fue. Eres un imbécil. Ahora volvió. Eres un idiota. Se terminó el espectáculo."
—Jerry Seinfeld

"Soy un gran admirador del misterio y la magia. Mira esta vida – todo es misterio y magia."
—Harry Houdini

Como hemos visto en este libro, el mundo de la magia es polifacético e inherentemente dinámico. Ha evolucionado constantemente en el correr de la historia y ha dirigido y acomodado los cambios sociales, culturales y tecnológicos. En una era de tecnologías sofisticadas, la capacidad de los humanos de controlar y manipular sus ambientes personales y laborales, la magia aún revive tiempos en los cuales objetos e ideas sencillas se podían impregnar de propiedades milagrosas. Una mirada a la historia de la magia y su variedad de personajes nos ofrece una lección en las múltiples rutas que pueden llevar al éxito y logros en lo que es esencialmente un área nicho de logros humanos. En este libro, hemos examinado el ámbito de la magia secular. Mucha de la magia secular es trivial en que los métodos subyacentes son mundanos y simples al ser inspeccionados y analizados de cerca, y se pueden enseñar, aprender y dominar con la dedicación y práctica intensa. Sin embargo, el mismo hecho de que sea trivial hace que sea una fuerza potente para el cambio cultural, ya que es transportable entre culturas y lenguajes, y tiene tremenda resistencia y longevidad. Como la música, la magia puede de hecho ser un tipo de pegamento para la cultura global, ya que sirve como un lenguaje universal que requiere de poca traducción. Las artes y el entretenimiento de la magia han formado la cultura, los medios y los cambios económicos y sociales en el correr de un largo período de tiempo, y no hay señal de que vayan a reducir su poder pronto.

Ya sea que uno es un artista independiente atendiendo una pequeña audiencia familiar, una marca de marquesina en la Franja de Las Vegas, o parte de un equipo internacional de magia, las rutas hacia el éxito son abundantes. Los magos son pare de una comunidad activa, extensa y comprometida de prácticas, con reglas sin escribir, pero implícitas de participación, colaboración e intercambio de conocimientos. Los practicantes sazonados traen su experiencia y conocimientos a la mesa cuando entrenan a las nuevas generaciones de magos, ya sea en persona, en línea, o a través de un cuerpo de literatura extenso y en evolución. El entrenamiento, conocimiento, técnicas y compromiso que los magos hacen fructificar a través de sus actuaciones cuidadosamente desarrolladas, ofrecen lecciones para intérpretes de todo tipo, incluyendo a los emprendedores individuales y las grandes organizaciones. Al adaptar algunas de sus prácticas, las empresas pueden llevar su propio desempeño a un nuevo nivel, incorporando el diseño creativo y la resolución de problemas, experimentación persistente, los prototipos y pruebas, y el uso de técnicas nuevas para comprometer y deleitar a sus clientes. Al hacer estas prácticas parte del ADN organizativo, las empresas grandes y pequeñas pueden asegurar que el espíritu de la innovación y experimentación será auto-impulsado y resistente. Sin embargo, las organizaciones deben darse cuenta que la mayoría, si no todas estas habilidades y actitudes tienen que ser obtenidas a través de prácticas duras y experiencia en el campo, así que no hay atajos. Cuando la mentalidad es más receptiva, el trabajo tendrá que comenzar.

Mientras que algunos predicen solo pesimismo cuando se trata de la supervivencia futura de la magia, mi creencia es que estamos viviendo un renacimiento de la magia popular y su ejecución. Hay desafíos reales de la profesión en términos de acceso abierto al conocimiento que por mucho tiempo fue conocido por solo un grupo pequeño de practicantes. Es probable que la profesión encuentre maneras nuevas de salvaguardar los actos propietarios donde se han hecho inversiones significativas en investigación y desarrollo, sin recurrir a las cortes, a la misma vez manteniendo la discusión vibrante, así como el intercambio y la colaboración que han caracterizado el campo en el pasado. Estos desarrollos también han creado oportunidades nuevas a medida que más artistas jóvenes descubren la magia y se involucran en el proceso de innovación y creación de conocimiento. Mientras que los humanos mantengan la capacidad de asombro, sus magos encontrarán una manera de alcanzar y superar sus expectativas. Las audiencias más nuevas y mejor informadas, en cambio, estarán dispuestas a pagar grandes sumas por entretenimiento mágico de calidad. Los años pico del espectáculo de magia pueden estar en el futuro, en lugar del pasado. Mientras que los destinos futuros sigan siendo inciertos, ¡podemos estar seguros que los magos aún tendrán un truco o dos bajo la manga!

Referencias

1.   Alexander, Reed (2017), Meet the magician whose stunning tricks enabled him to build a business worth $20 million,"
https://moneyish.com/heart/meet-the-magician-whose-stunning-tricks-enabled-him-to-build-a-business-worth-20-million (visitado el 4/11/2018).

2.   Ares, Nacho (2017), 'Ancient Egypt: Where Magic was Born', Ancient Egypt, pp. 42-47, April-May.

3.   Arnold, Eric, Julien Cayla and Delphine Dion (2017), 'Fetish, Magic, Marketing', Anthropology Today, Vol. 33, No. 2, April.

4.   Bailey, Michael (2007), 'The Magic Circle: Performing Magic Through the Ages,' Tempus, October 1.

5.   Bailey, Michael (2017), 'Magic: The Basics,' Routledge, August 10.

6.   Berg, Madeline (2016), "Down The Rabbit Hole: Inside The Lucrative Business of Local Magicians,"
https://www.forbes.com/sites/maddieberg/2016/10/28/down-the-rabbit-hole-inside-the-lucrative-business-of-local-magicians/#32827527579a (visitado el 4/11/2018).

7.   Beard, Allison (2016), "Life's Work: An Interview with Penn Jillette," *Harvard Business Review*, October.

8.   Black, Sharon (2003), 'The Magic of Harry Potter: Symbols and Heroes of Fantasy', Children's Literature in Education, Vol. 34, No. 3, September 2003

9.   Blaine, David (2014), 'The Future of Magic,' The Economist, November 13th.

10. Blair, Iain (2017), 'Criss Angel Reflects on His Magical Career as He Receives Star on Hollywood Walk of Fame,' Variety, July 20.

11. Brancolini, Janna (2012), 'Abracadabra–Why Copyright Protection for Magic is Not Just An Illusion', Loyola of Los Angeles Entertainment Law Review. Vol. 33 No. 103.

12. Brooker, Jeremy (2007), 'The Polytechnic Ghost: Pepper's Ghost, Metempsychosis and the Magic Lantern at the Royal Polytechnic Institution', Early Popular Visual Culture, Volume 5, Issue 2: Magic and Illusion

13. Brown, Derren (2006). Tricks of the Mind. London: Channel 4 Books.

14. Butler, John (2018), 'How Indian Magic, Illusion in its Highest Art Form, Came to the West and Opened Up New, Mysterious Worlds,' South China Morning Post, July 29.

15. Carr-Gomm, Philip and Richard Heygate (2012), 'The Book of English Magic,' The Overlook Press, October 30.

16. Christopher, Milbourne (1975) Mediums, Mystics & the Occult. Thomas Y. Crowell Co.

17. Cohen, Elliott (2018), 'An Actually Magical Convention,' The Atlantic, August 26.

18. Collins, David J. (2001), 'Magic in the Middle Ages: History and Historiography,' History Compass 9/5 (2011): 410–422, 10.1111/j.1478-0542.2011.00776.x.

19. Cuccinello, Hayley C. (2017), "The World's Highest-Paid Magicians Of 2017: David Copperfield Leads With $61.5 Million," Forbes Editor's Pick, https://www.forbes.com/sites/hayleycuccinello/2017/10/24/the-worlds-highest-paid-magicians-of-2017-david-copperfield-leads-with-61-5-million/#e92751a322c1 (visitado el 4/11/2018).

20. Cuccinello, Hayley C. (2018), "The World's Highest-Paid Magicians Of 2018", Forbes Editor's Pick, https://www.forbes.com/sites/hayleycuccinello/2018/11/08/the-worlds-highest-paid-magicians-of-2018/#4104c48f4c64 (visitado el 19/11/2018).

21. Curthoys, Ann (2014), 'The Magic of History: Harry Potter and Historical Consciousness', Agora, Vol. 49, No. 4, November: 23-[31].

22. Dandurand, L. (1999), "A market analysis of the family market in Las Vegas", UNLV Gaming Research & Review Journal, Vol. 4 No. 1, pp. 1-16.

23. During, Simon (2004), Modern Enchantments: The Cultural Power of Secular Magic, Harvard University Press.

24. R. W. Dyson, ed., Augustine of Hippo (1998), The City of God, Cambridge: Cambridge University Press, 1998).

25. The Economist (2017), 'Witches Are Still Hunted In India—and Blinded And Beaten And Killed'. The Economist. 19 October.

26. Erdnase, S. W (1995). The Expert at the Card Table: The Classic Treatise on Card Manipulation (1st Ed. reprint ed.). Mineola, NY: Dover Publications. ISBN 978-0-486-28597-9.

27. Evans-Pritchard, E. E. (1937). Witchcraft, Magic, and Oracles Among the Azande. Oxford: Clarendon Press.

28. Faulks, Philipa (2017), 'The Masonic Magician: The Life and Death of Count Cagliostro and His Egyptian Rite,' Watkins Publishing, July 25.

29. Frazer, James George (2009), 'The Golden Bough: A Study in Magic and Religion: A New Abridgement from the Second and Third Editions, Oxford World's Classics, Reissue Edition, April 15.

30. Freeman, Aleza (2009), 'Revealing the Vegas Magician,' Los Angeles Times, March 15.

31. Gasca, Peter (2016), "Looking for the Next Big Industry? It Just May Be Magic," https://www.inc.com/peter-gasca/the-next-huge-business-opportunity-magic.html (visitado el 4/11/2018).

32. Glucklich, Ariel (1997). The End of Magic. Oxford University Press. pp. 32–3.

33. Godin, Seth (2018), 'This Is Marketing: You Can't Be Seen Until You Learn to See', Portfolio, November 13.

34. Gopnik, Adam (2008), 'The Real Work: Modern magic and the Meaning of Life,' The New Yorker, March 17.

35. Green, Adam (2013), 'A Pickpocket's Tale,' The New Yorker, January 7.

36. Grossman, Lev (2014), 'How Magic Conquered Popular Culture,' TIME Magazine, August 19th, URL: http://time.com/lev-grossman-magicians-land-magic-pop-culture, visitado por última vez 1 de noviembre, 2018.

37. Harrison, Mark (1989), "New Vaudeville: Variety artists in the contemporary American theater," Doctoral Dissertation, New York University.

38. Hass, Lawrence , 'Life Magic and Staged Magic: A Hidden Intertwining,' in Performing Magic on the Western Stage : From the

Eighteenth Century to the Present, Francesca Coppa, Lawrence Hass, James Peck, and J. Peck, eds.

39. Hedges, Chris (2010), Empire of Illusion: The End of Literacy and the Triumph of Spectacle, Nation Books.

40. Heilman, J. (2013), "Las Vegas is all about reinvention", Meetings Today, available at: https://www.meetingstoday.com/magazines/article-details/articleid/21130/title/las-vegas-is-all-about-reinvention (visitado el 1 de noviembre, 2018).

41. Houlbrook, C. and Armitage, N. 'Introduction: The materiality of the materiality of magic', in Houlbrook, C. and Armitage, N. (eds.) The Materiality of Magic: An artefactual investigation into ritual practices and popular beliefs.Oxford and Philadelphia, Oxbow Books. 1-13.

42. Husband, Andrew (2017), 'Penn Jillette On Four Seasons Of 'Fool Us' And Why The Future Will Be Filled With Female Magicians,' Uproxx, URL: https://uproxx.com/tv/penn-jillette-fool-us-interview/, visitado por última vez: 5 de diciembre, 2018.

43. Huxley, Aldous (1954), The Doors of Perception, Chatto and Windus.

44. International Brotherhood of Magicians (2018), By-Laws and Sanding Rules, URL: https://www.magician.org/about/rules-and-standing-rules, visitado el 1 de diciembre.

45. Jones, Graham (2011), 'Trade of the Tricks: Inside the Magician's Craft,' The University of California Press, September.

46. Jones, Graham and Lauren Shweder (2003), 'The Performance of Illusion and Illusionary Performatives: Learning the Language of Theatrical Magic,' Journal of Linguistic Anthropology, Vol. 13, No. 1, Special Issue: Anthropology of Visual Communication (June), pp. 51-70.

47. Jones, Jay (2016), 'In Often-Pricey Vegas, Magicians Penn & Teller Continue a Free Tradition,' Los Angeles Times, July 13.

48. Jones, Jonathan (2010). 'A Curse On All Your Paintings: The Secret Magic Of Renaissance Art', The Guardian, November 4.

49. Kahneman, Daniel (2011). Thinking, fast and slow. Farrar, Straus and Giroux, New York, New York, USA.

50. Kalush, William and Larry Sloman (2006), 'The Secret Life Of Houdini: The Making Of America's First Superhero', New York: Atria Books.

51. Kimlat, Kostya, "How Fooling Penn and Teller Changed My Life," https://www.kostyakimlat.com/blog/how-fooling-penn-teller-changed-my-life (visitado el 31/10/2018).

52. Kimlat, Kostya, "Why I Performed for Penn & Teller," https://www.kostyakimlat.com/blog/why-i-performed-for-penn-teller (visitado el 31/10/2018).

53. Kimlat, Kostya, "How A Magician Prepares for Penn & Teller: Fool Us," https://www.kostyakimlat.com/blog/preparing-for-penn-teller-fool-us-las-vegas (visitado el 31/10/2018).

54. Kors, Alan Charles and Edward Peters (2001), Witchcraft in Europe, 400–1700: A Documentary History, 2nd edition. Philadelphia: University of Pennsylvania Press, 41–2.

55. Kuhn, G., Amlani, A., & Rensink, R. (2008), 'Towards a science of magic', Trends in Cognitive Science, 12, 349–354.

56. Lachapelle, Sofie (2009), 'Science On Stage: Amusing Physics And Scientific Wonder At The Nineteenth-century French Theatre', History of Science, xlvii.

57. Lamont, Peter, John M. Henderson, and Tim J. Smith (2010), 'Where Science and Magic Meet: The Illusion of a "Science of Magic"', Review of General Psychology, 14(1), pp.16–21.

58. Lamont, Peter (2013), 'Extraordinary Beliefs: A Historical Approach to a Psychological Problem'.. Cambridge: Cambridge University Press.

59. Lamont, Peter (2006), 'Magician as Conjuror: A Frame Analysis of Victorian Mediums', Early Popular Visual Culture, Vol. 4, No. 1, April 2006, pp. 21–33.

60. Lamont, P. & Wiseman, R. (2005), Magic in Theory: An Introduction to the Theoretical and Psychological Elements of Conjuring, University Of Hertfordshire Press.

61. Lamont, Peter and Jim Steinmeyer (2018), 'The Secret History of Magic: The True Story of the Deceptive Art', TarcherPerigee, July 17.

62. Larson, Erik (2003), 'The Devil in the White City: Murder, Magic, and Madness at the Fair That Changed America', Crown Publishers.

63. Leddington, Jason (2016), 'The Experience of Magic', The Journal of Aesthetics and Art Criticism, 26 July, https://doi.org/10.1111/jaac.12290.

64. Lee, Kai-Fu (2018), 'AI Superpowers: China, Silicon Valley, and the New World Order', Houghton Mifflin Harcourt, September 25.

65. Lewin, Nick (2017), Magic Castle Revisited, Vanish International Magic Magazine, May, Issue 34.

66. Lippman, John (1998), 'Magicians Contend TV Specials Shatter Their Illusions,' The Wall Street Journal, Eastern edition; New York, N.Y., 13 Aug: B1.

67. Loshin, Jacob (2007), 'How Magicians Protect Intellectual Property Without Law, Working Draft, Yale Law School.

68. Luhrmann, Tanya M. (1989) "The Magic of Secrecy." Ethos 17(2): 131–165.

69. Macknik, Stephen L. , Mac King, James Randi, Apollo Robbins, Teller, John Thompson and Susana Martinez-Conde (2008), 'attention And Awareness In Stage Magic: Turning Tricks Into Research,' Nature Reviews–Neuroscience, Vol. 9, November.

70. Marchese, David (2018), 'In Conversation: Penn Jillette,' Vulture Magazine, URL: http://www.vulture.com/2018/08/penn-jillette-in-conversation.html, August 14th, visitado por última vez el 1 de noviembre.

71. McCarthy, Niall (2018), "The World's Highest-Paid Magicians," https://www.statista.com/chart/13594/the-worlds-highest-paid-magicians/ (visitado el 4/11/2018).

72. McKinley, Jesse (2000), 'Doug Henning, a Superstar Of Illusion, Is Dead at 52', The New York Times.

73. Merrifield, R. 1987. The Archaeology of Ritual and Magic. London, Guild Publishing.

74. Miles, Chris (2013), 'Persuasion, Marketing Communication, and the Metaphor of Magic', European Journal of Marketing, Vol. 47 No. 11/12, 2013, pp. 2002-2019.

75. Miller, Elizabeth L. and Joseph P. Zompetti (2015), "After the Prestige: A Postmodern Analysis of Penn and Teller," Journal of Performance Magic, 3 (1), 3-24.

76. Morrell, Dan (2017), Waltham's Shin Lim could be the biggest name in magic since David Blaine, Globe Magazine, August 24.

77. Moore, Geoffrey (2007), 'To Succeed in the Long Term, Focus on the Middle Term,' Harvard Business Review, July-August.

78. Nardi, Peter M (2006), 'The Reality of Illusion: The Magic Castle in Hollywood,' Contexts, Vol. 5, No. 1 (Winter), pp. 66-69.

79. Okamoto, David (1992), 'Don't Try This at Home: Penn & Teller Frightfully Sophisticated,' Colorado Springs Gazette–Telegraph; Colorado Springs, Colo., May: F1.

80. Ólafsson, Magnús(2018), 'Witchcraft and Sorcery in Iceland,' https://guidetoiceland.is/history-culture/witchcraft-in-iceland/ (visitado el 4/11/2018).

81. Osgood, Charles, and Lee Cowan (2015), 'Penn and Teller are magicians whose sleight of hand is never intended to sleight the audience of intelligence', CBS News Sunday Morning; New York New York: CQ Roll Call, Jan 25th.

82. Österblom, H., M. Scheffer, F. R. Westley, M. Van Esso, J. Miller, and J. Bascompte. 2015. A Message from Magic to Science: Seeing how the Brain can be Tricked may Strengthen our Thinking. Ecology and Society 20(4):16. http://dx.doi.org/10.5751/ES-07943-200416

83. Owen, Alex (2004), 'The Place of Enchantment: British Occultism and the Culture of the Modern', Chicago: University of Chicago Press.

84. Pang, Laikwan (2007), The Distorting Mirror: Visual Modernity in China, University of Hawai'i Press.

85. Perrottet, Tony (2018), 'A Secret Passageway Into the World's Most Exclusive Magic Club,' The Wall Street Journal, December 19.

86. Petrow, Steven (2018), 'Do You Believe in Magic? I Do', The New York Times, June 28.

87. Pfeiffer, Eric (2018), 'The World's Greatest Card Magician Opens Up About His Biggest Secret', URL: https://www.good.is/features/richard-turner-card-magic-blind visitado por última vez el 1 de diciembre.

88. Pollan, Michael (2018), How to Change Your Mind: What the New Science of Psychedelics Teaches Us About Consciousness, Dying, Addiction, Depression and Transcendence, Penguin Press, May 15.

89. Pranzi, Travis (2008), 'Harry Potter & Imagination: The Way Between Two Worlds', Winged Lion Press, LLC. December 10.

90. Priest, Christopher (2005), The Prestige, Tor Books, First Edition.

91. Radin, Dean (2006), 'Entangled Minds: Extrasensory Experiences in a Quantum Reality', Paraview Pocket Books.

92. Radin, Dean (2018), 'Real Magic: Ancient Wisdom, Modern Science, and a Guide to the Secret Power of the Universe,' Harmony; 1st Edition, April 10.

93. Rao, Bharat (2001), 'Broadband Innovation and the Customer Experience Imperative,' International Journal on Media Management, mcm-Institute, University of St. Gallen, Switzerland, Summer 09/2001.

94. Rao, Srinivas (2018), An Audience of One: Reclaiming Creativity for Its Own Sake, Portfolio, August 7.

95. Rees, Aran (2017), "The Value of Magic. And what that means for creativity.," Open for Ideas, January 10, 2017, URL: http://openforideas.org/blog/2017/01/10/the-value-of-magic-and-what-that-means-for-creativity/ (visitado el 31/10/2018).

96. Rich, Frank (1985), Stage: Penn and Teller, The New York Times, April 19.

97. Ritner, Robert Kriech (1993), 'The Mechanics of Ancient Egyptian Magical Practice,' Doctoral Dissertation, The Oriental Institute, University of Chicago.

98. Ritson, Mark (2003), 'Blaine may be unhinged but he knows a thing or two about PR,' Marketing, p.16, October 2.

99. Schaffer, Simon (1999), "Enlightened Automata", in Clark et al. (Eds), The Sciences in Enlightened Europe, Chicago and London, The University of Chicago Press.

100. Schwabel, Dan (2017), 'David Copperfield: How He Became The World's Most Successful Magician,' Forbes Magazine, available at: https://www.forbes.com/sites/danschawbel/2017/02/08/david-copperfield-how-he-became-the-worlds-most-successful-magician/#1dee77402132 (visitado el 1 de noviembre, 2018).

101. Schwartz, D.G. (2017), "Seven year switch: how Las Vegas hospitality has changed", Vegas Seven, available at: http://vegasseven.com/2017/02/16/seven-year-switch-las-vegas-hospitality-changed/ (visitado el 1 de noviembre, 2018).

102. Scot, Reginald (1584), 'The Discoverie of Witchcraft, Wherein the Lewde Dealing of Witches and Witchmongers is Notablie Detected,' British Library, London.

103. Seligmann, Kurt (2018), 'The Mirror of Magic: A History of Magic in the Western World', Inner Traditions; 6th Edition, October.

104.   Sexton, Max (2015), 'Deception Reality: Street Magic from Blaine to Dynamo', Critical Studies in Television, Volume 10, No. 1 (Spring), Manchester University Press, http://dx.doi.org/10.7227/CST.10.1.3.

105.   Seymour, St. John D. (1989), Irish Witchcraft and Demonology (Dublin, 1913, repr. London, 1989).

106.   Sneddon, Andrew (2015), 'Witchcraft and Magic in Ireland,' Palgrave Macmillan.

107.   Sexton, Max (2013), 'Secular Magic and the Moving Image: Mediated Forms and Modes of Reception', Bloomsbury Academic.

108.   Sherlock, Jared R. (2015) "The Effects of Exposure on the Ecology of the Magic Industry: Preserving Magic in the Absence of Law," Cybaris: Vol. 6: Iss. 1, Article 2. Available at: https://open.mitchellhamline.edu/cybaris/vol6/iss1/2/

109.   Silverman, Rachel Emma (2000), 'Houdini's Old Magic Shop Disappears, Reinvents Itself as an Online Retailer,' The Wall Street Journal, December 15.

110.   Simon, H. A. 1977. Models of Bounded Rationality, Volume 3: Empirically Grounded Economic Reason. The MIT Press, Cambridge, Massachusetts, USA.

111.   Singer, Mark (1987), 'Tannen's Magic Camp,' Grand Street, Vol. 6, No. 2 (Winter), pp. 167-175.

112.   Smith, H. (2000). Cleansing the Doors of Perception: The Religious Significance of Entheogenic Plants and Chemicals. Jeremy P. Tarcher/Putnam.

113.   Standage, Tom (2002), 'The Turk: The Life and Times of the Famous Eighteenth-Century Chess-Playing Machine', New York: Walker.

114.   Staniforth, Nate (2018), 'Here Is Real Magic: A Magician's Search for Wonder in the Modern World,; Bloomsbury USA, January 16.

115.   Steinmeyer, Jim (2004), 'Hiding the Elephant: How Magicians Invented the Impossible and Learned to Disappear,' De Capo Press, September 15.

116.   Steinmeyer, Jim (2012), The Last Greatest Magician in the World: Howard Thurston Versus Houdini & the Battles of the American Wizards,' TarcherPerigee, August 30.

117.   Subbotsky, Eugene (2014), 'The Belief in Magic in the Age of Science,' Sage OPEN, 4(1), January.

118.   Swiss, Jamy Ian (2001), Shattering Illusions: Essays on the Ethics, History, and Presentation of Magic Hermetic Books.

119.   Tait, Derek (2017), The Great Houdini: His British Tours, Pen and Sword History.

120.   Tait, Derek (2018), The Great Illusionists, Pen and Sword History.

121.   Thomas, Cyril, Andre Didierjean and Gustav Kuhn (2018), 'the Flushtration Count Illusion: Attribute substitution Tricks Our Interpretation Of A Simple Visual Event Sequence', British Journal of Psychology (2018), 109, 850–861.

122.   Thomke, Stefan and Jason Randal (2014), "The Magic of Innovation," The European Business Review, May-June.

123.   Thomke, Stefan, and Jason Randal (2012). "Innovation Magic." Harvard Business School Background Note 612-099, May.

124.   Tingle, Rory (2018), 'Is This The Most Stomach-churning Magic Trick Ever? David Blaine Sews Up His Mouth With A Needle And Thread Before Cutting It Open To Reveal A Frog On Jimmy Fallon's Show,' The Daily Mail, April 26.

125.   Tobacyk, Jerome (2004), 'A Revised Paranormal Belief Scale', International Journal of Transpersonal Studies, Vol 3, Iss. 1.

126.   Tompkins, Matthew L. (2018), 'Observations On Invisibility : An Investigation On The Role Of Expectation And Attentional Set On Visual Awareness,' Thesis, Oxford University.

127.   Tucker, Cheryl (2008), 'A Tour Through the Pazzi Conspiracy', The Florentine, November 13.

128.   Macknik, Stephen L., Susana Martinez-Conde, and Sandra Blakeslee (2010), "Mind over Magic?." Scientific American, Vol. 21, No. 5 (November/December), pp. 22-29.

129.   Martinez-Conde, Susana and Stephen L. Macknik (2008), "Magic and the Brain," Scientific American, Vol. 299, No.6 (December), pp. 72-79.

130.   Quiroga, Rodrigo Quian (2016), "Magic and Cognitive Neuroscience," Current Biology, 26 (May 23), pp. R390-R394.

131.   Taleb, Nassim Nicholas (2007), The Black Swan: The Impact of the Highly Improbable. Random House, New York, New York, USA.

132.   Tachibana, Ryo and Hideaki Kawabata (2014), "The Effects of Social Misdirection on Magic Tricks: How Deceived and Undeceived Groups Differ," i-Perception, Vol. 5, pp. 143-146.

133.   Thompson, Zac, (2016), "Sleight of Mind," American Theatre, July/August, pp. 26-29.

134.   Vollmer, Christopher (2017), "The Revenue Stream Revolution in Entertainment and Media", Strategy+Business, May.

135.   Vangkilde, Kasper Tang (2017), Foretelling the future: The fashion designer as shaman', Anthropology Today Vol 33 No 2, April.

136.   Vollmer, Christopher (2017), "How to Make Entertainment and Media Businesses 'Fan'-tastic," Strategy+Business, May.

137.   Walter, Damien (2012),'Why English Culture Is Bewitched By Magic,' The Guardian, February 23.

138.   Williamson, Colin (2015), Hidden in Plain Sight: An Archaeology of Magic and the Cinema, Rutgers University Press.

139.   Wiseman, R. & Lamont, P. Unravelling the Indian Ropetrick. Nature 383, 212–213 (1996).

140.   Witter, David (2016), 'A Brief, Wondrous History of Chicago Magic', The Chicago Reader, August 26.

141.   Zubrzycki, John (2018), 'Jadoowallahs, Jugglers and Jinns: A Magical History of India, Pan Macmillan India, June 28.

142.   Zubrzycki, John (2018), 'Empire of Enchantment: The Story of Indian Magic,' C Hurst & Co Publishers Ltd, June 21

Acerca del Autor

Bharat Rao es un educador, escritor y orador. Es un Profesor Adjunto en el área de Gestión e Innovación Tecnológica en la Escuela Tandon de Ingeniería de la Universidad de Nueva York. Ha investigado, escrito y consultado de manera extensa en las áreas de estrategia en la innovación, mercadeo, y tecnología. Un ingeniero eléctrico por su entrenamiento, obtuvo un doctorado en Mercadeo y Gestión Estratégica en la Universidad de Georgia y anteriormente fue un asociado en investigación postdoctoral en la Escuela de Negocios de Harvard.

Además de en la magia, está enormemente interesado en la fotografía y los viajes. Vive en la Ciudad de Nueva York.

Apéndice 1: Un Acta Mágica

Texto Completo del Acta Propuesta por Pete Sessions (R), Representante – Tejas para el Comité de Supervisión y Reforma Gubernamental, 14 de Marzo, 2016

Considerando que la magia es una forma de arte con el poder y potencial único de impactar las vidas de toda la gente;

Considerando que la magia le permite a la gente experimentar lo imposible;

Considerando que la magia se usa para inspirar y traer asombro y felicidad a los demás;

Considerando que la magia ha tenido un impacto significativo sobre otras formas de arte;

Considerando que la magia como las grandes formas de arte del baile, la literatura, el teatro, las películas y las artes visuales, permiten que la gente experimente algo que trasciende la palabra escrita;

Considerando que muchos avances tecnológicos pueden ser rastreados directamente al trabajo influyente de los magos;

Considerando que el futurista Arthur C. Clarke declaró que cualquier tecnología suficientemente avanzada es indistinguible de la magia;

Considerando que uno de los mejores artistas de todos los tiempos, Leonardo da Vinci, fue inspirado por la magia y escribió en conjunto uno de los primeros libros de magia a fines del siglo XV;

Considerando que el cine moderno no existiría actualmente sin el trabajo innovador del realizado mago, Georges Méliès;

Considerando que los magos son narradores visuales que entretejen fluidamente elementos de misterio, asombro, emoción y expresión:

Considerando que la magia es un modelo artístico sobresaliente de la expresión individual;

Considerando que la magia cumple algunos de los más altos ideales y aspiraciones de nuestro país al alentar a la gente a que se cuestione lo que creen y ven;

Considerando que la magia es una fuerza unificadora entre diferencias culturales, religiosas, étnicas y etarias en nuestra Nación diversa;

Considerando que la magia es un arte que transforma lo ordinario en lo extraordinario;

Considerando que los magos americanos Harry Houdini y David Copperfield han sido los magos más exitosos de los últimos dos siglos;

Considerando que David Copperfield, introducido a la magia de niño mientras crecía en Nueva Jersey, ha sido nombrado una Leyenda Viva por la Biblioteca del Congreso;

Considerando que David Copperfield, con 21 Premios Emmy, 11 Récords Guinness, y más de cuatro mil millones de dólares en ventas de entradas, ha impactado todo aspecto de la industria internacional del entretenimiento;

Considerando que David Copperfield, a través de su magia, inspira un gran cambio positivo en las vidas de los americanos;

Considerando que la gente consistentemente se retira del espectáculo de magia en vivo de David Copperfield con una perspectiva distinta que la que tenían al ingresar;

Considerando que Rebecca Brown de Portland, Oregón se retiró de un espectáculo de magia de David Copperfield con una nueva inspiración para seguir su pasión sin cumplir de toda la vida, de bailar;

Considerando que tres meses después de que Rebecca Brown asistiera el espectáculo de magia de David Copperfield, realizó su primer recital coreografiado en el Pioneer Square de Portland, Oregón;

Considerando que programas como Project Magic, creado por David Copperfield usan la magia como una forma de terapia para niños con discapacidades físicas, psicológicas y sociales;

Considerando que aprender magia a través de programas como Project Magic puede ayudar a estos niños a mejorar sus destrezas físicas y mentales y aumentar su confianza;

Considerando que aprender magia a través de programas como Project Magic ayuda a estos niños a darse cuenta de que ya no son más menos capaces que sus pares;

Considerando que programas como Project Magic les enseñan a estos niños que son más capaces y tienen una habilidad nueva para hacer lo que otros no pueden;

Considerando que ciudades como Wylie, Texas, y su gobernador, Eric Hogue, reconocen y promueven el arte de la magia con proclamaciones oficiales, programas educativos de verano, y el primer festival dedicado al arte de la magia en el estado de Texas;

Considerando que el Gobernador Eric Hogue, quien aprendió el arte de la magia de niño, continúa usando esas habilidades para enseñarles a los niños de escuela primaria acerca de los distintos roles y responsabilidades del gobierno local;

Considerando que la magia es atemporal en encanto y solo requiere la capacidad de soñar;

Considerando que la magia trasciende cualquier barrera de raza, religión, lenguaje o cultura;

Considerando que la magia no ha sido reconocida adecuadamente como una gran forma de arte americano, ni ha sido otorgada el estatus institucional a nivel nacional para conmensurarla con su valor e importancia;

Considerando que no hay un esfuerzo nacional eficiente para apoyar y preservar la magia;

Considerando que la documentación y el soporte de archivos requeridos por una forma de arte tan grande todavía debe ser aplicado sistemáticamente en el campo de la magia; y

Considerando que es en el mejor interés del bienestar nacional el preservar y celebrar la forma de arte única de la magia; Ahora, por lo tanto, que sea

Resuelto, Que la Casa de Representantes—

(1) reconoce a la magia como una forma de arte rara y valiosa y un tesoro nacional; y

(2) apoya los esfuerzos por asegurar que la magia sea preservada, comprendida, y promulgada.

Apéndice 2: Una Proclamación Mágica

Texto Completo de la Declaración de Bill De Blasio, Gobernador, Ciudad de Nueva York, Octubre del 2017

OFICINA DEL GOBERNADOR

CIUDAD DE NUEVA YORK

DECLARACIÓN

Considerando que:

Como un centro global de la creatividad, Nueva York ofrece un paisaje cultural que es tan diverso como nuestros más de 8,5 millones de residentes. Cada noche, los artistas de todas las disciplinas deleitan a las audiencias en los cinco distritos con sus muchos talentos – pero solo un artista se aparece con una tetera mágica. Esta noche, una de las atracciones más duraderas de fuera de Broadway y en Nueva York, Chamber Magic, celebrará su espectáculo número 5.000, y mientras se reúnen para una tarde de ilusionismo, me complace reconocer a su talentoso creador y presentador, Steve Cohen, por sus encantadoras contribuciones al dinámico sector de artes interpretativas de nuestra ciudad.

Considerando que:

No es de asombrarse que la ciudad más mágica del mundo atrae e inspira a los mejores magos de todos lados. Siendo un niño creciendo en Westchester, Steven Cohen fue cautivado por la magia cuando su tío abuelo le enseñó su primer truco a los seis años de edad. Ha estudiado y practicado el arte diligentemente desde entonces, volviéndose tan habilidoso, que lo volvió su profesión. Cohen pronto obtuvo seguidores por su encantadora actuación y su estilo de magia anticuado, y en el 2000, comenzó a presentar espectáculos independientes para audiencias pequeñas en el National Arts Club en Gramercy Park, antes de mudar sus eventos de Chamber Magic enormemente en demanda, a una suite adornada en el Waldorf-Astoria hotel. Modelado según las recepciones de salón del estilo de fines del siglo XIX, y limitada a tan solo 60 adultos o jóvenes mayores de 12 años, estas reuniones íntimas permitían una experiencia más interactiva y una vista de cerca de la magistral prestidigitación de Cohen y su truco característico de Piensa en un Trago.

Considerando que:

Durante los pasados 17 años, Chamber Magic ha estado asombrando a las audiencias con entradas agotadas, de residentes de Nueva York y visitantes que disfrutan de vestirse con ropas finas para una tarde de misterio e ilusión presentada por un mago con un sombrero de copa y traje con cola. En el hogar del espectáculo, el Waldorf-Astoria, cerrado el año pasado por renovaciones, Cohen aseguró que su acto aclamado por los críticos continuaría en el Lotte New York Palace, otro monumento en el medio de la ciudad, con una adecuada atmósfera clásica. En la ocasión del hito de la actuación en vivo número 5.000 de Chamber Magic, me complace unirme con los fans de todos lados para aplaudirle a su ingeniosa estrella, Steve Cohen, por sus esfuerzos por enriquecer el escenario cultural de nuestra ciudad, e involucrar y levantar a la gente de todo tipo de orígenes, a través del hipnótico arte de la magia.

Ahora, por lo tanto, yo, Bill de Blasio, Gobernador de la Ciudad de Nueva York, declaro el viernes, 6 de octubre del 2017, en la Ciudad de Nueva York, como el:

"DÍA DE CHAMBER MAGIC"

Firmado,
Bill de Blasio
Gobernador

¡Gracias por comprar este libro!

Como muestra de mi agradecimiento, me complace proporcionarte una DESCARGA GRATUITA llamada:

10 MEJORES ESPECTÁCULOS EN VIVO

para ver en los EEUU 2019-2010

Visita la URL de más abajo para descargar tu copia gratuita.

https://magicalthebook.com/magicshows

Y una última solicitud rápida: Si has disfrutado de este libro, deja una reseña honesta en Amazon y considera comprar las versiones electrónica y de audiolibro.

Como un autor, me gustaría escuchar tu opinión, y tu reseña me proporciona información valiosa y aliento. Tus reseñas y recomendaciones además ayudan a que otros como tú descubran este libro y títulos relacionados. Gracias de antemano por tu apoyo. ¡A leer!

Enlaces Varios:

Sitio Web del Libro: https://magicalthebook.com/

Blog del Libro: https://magicalthebook.com/book-blog/

Página del Autor en Amazon: http://amazon.com/author/bharatrao